DR. CHRISTOPH SCHUBERT-WELLER

Aufbruch zur Freiheit

Standardwerke der Astrologie

Dr. Christoph Schubert-Weller

Aufbruch zur Freiheit

Der Neustart des Jupiter/Saturn-Zyklus am 21. Dezember 2020

CHIRON VERLAG

Titelbild:
Raumgeraden (= gedachte Verbindungslinien) Jupiter/Saturn bei Erde/Jupiter-Konjunktionen aus Sicht der Erde, aufgetragen in der Ebene der Ekliptik, 650-mal in ca. 711 Jahren. Erzeugt mit dem Programm *Die Signatur der Sphären*, www.keplerstern.de.

ISBN 978-3-89997-273-3

Umschlag: Judith Hamann, Tübingen
Bild © keplerstern.de
Druck: SDL, Berlin

Zu beziehen über:
Chiron Verlag, Postfach 1250, D-72002 Tübingen
www.chironverlag.com

Inhalt

Einleitung

Die Arbeit an der vorliegenden Darstellung zur kommenden Jupiter/Saturn-Konjunktion, zum Jupiter/Saturn-Zyklus und dessen Anwendung in der Mundanastrologie habe ich am 21. Dezember 2019 begonnen, genau ein Jahr, bevor die Jupiter/Saturn-Konjunktion am 21. Dezember 2020 auf 00.39 Grad Wassermann exakt wird. Der Beginn des Jupiter/Saturn-Zyklus mit der Konjunktion wird klassisch als *Conjunctio Aurea,* als die Goldene Konjunktion bezeichnet, die Konjunktion der beiden großen Planeten, die bis zur Entdeckung von Uranus im Jahr 1781 die Grenze des Sonnensystems bildeten.

Ganz abgesehen von einer inhaltlichen Deutung dieser Konstellation ist dieser Neubeginn von zweifacher symbolisch-technischer Bedeutung, einmal aufgrund des Datums an einem 21. Dezember und zweitens, weil der Zyklus sich für seinen Neubeginn ausgerechnet den ersten Wassermann-Grad »ausgesucht« hat.

Unter den teilweise langwelligen astrologischen Zyklen, die die Geschichte der Menschheit in Gang halten, stellt der 20-jährige Jupiter/Saturn-Zyklus so etwas wie einen Minutenzeiger auf dem Zifferblatt der Weltenuhr dar. Etwa alle 20 Jahre wechselt der Zeitgeist, kommen neue Leitideen auf, tritt ein neuer König sein Amt an, greift ein neues Paradigma Platz in den Köpfen und Herzen der Menschen. Ein nächster Wechsel steht uns bevor: Zeit, um diesen Wechsel zu begleiten und seine besonderen Konstellationen zu verstehen und daraus Konsequenzen zu ziehen; Zeit aber auch, um Geschichte und Geschichtsdeutung dieses Zyklus in den Blick zu nehmen; Zeit schließlich, um ausführlich die beiden Beiträger zu diesem Zyklus, Jupiter und Saturn, zu untersuchen und mit ihnen vertraut zu werden. Wenn das »große Glück« (Jupiter) und das »große Unglück« (Saturn) in Beziehung zueinander treten, wird es schöpferisch: Dann beginnen Leben und Bewährung.

Die nachfolgenden Ausführungen habe ich weit mehr in erzählerischer denn »wissenschaftlicher« Absicht geschrieben. Deutung, und um diese geht es hier, gelingt am besten, wenn man Geschichten und Geschichte erzählt. Den »Rohstoff« hierfür versucht vor allem das Kapitel 5 bereitzustellen. – Noch ein aktueller Hinweis: Alle hier zum Thema China versammelten Geschichten und Zukunftslegenden wurden vor der global-öffentlichen Aufregung um Corona niedergeschrieben und werden hier unverändert publiziert.

Rüdiger Plantiko hat vor Jahren ein Vortragsmanuskript zum Thema der Großen Konjunktionen ins Internet gestellt[1], eine äußerst wertvolle Arbeit, der das 6. Kapitel des vorliegenden Versuchs sehr, sehr viel verdankt. Dass ich manches anders sehe und deute als Rüdiger Plantiko, schmälert dessen Verdienst in keiner Weise. Rüdiger Plantiko hat außerdem mithilfe der Swiss Ephemeris eine Liste aller Jupiter/Saturn-Konjunktionen von 1500 vor bis 2500 nach Christus berechnet und publiziert.[2] Diese verdienstvolle Liste stellt alle weiteren Forschungen auf eine solide Basis.

Bodman, 1. April 2020
Christoph Schubert-Weller

---

[1] Die letzten 1200 Jahre im Licht der Großen Konjunktionen. 2003, in: http://www.astrotexte.ch/sources/jupsat.html

[2] http://www.astrotexte.ch/sources/Konjunktionen.txt

1. Die Schöpfungsachse im Tierkreis und ihre Bedeutung in der Gegenwart

Alljährlich wechselt am 21. oder am 22. Dezember die Sonne auf ihrer scheinbaren Bahn um die Erde vom Tierkreiszeichen Schütze in das Zeichen Steinbock und berührt damit den Punkt 0° Steinbock. Der Punkt 0° Steinbock bildet gemeinsam mit seinem Gegenpunkt 0° Krebs die sogenannte Schöpfungsachse. Die Achse 0° Steinbock–0° Krebs markieren die Sonnenwendpunkte. Die Achse 0°-Krebs/0°-Steinbock ist zugleich die Achse, an der man die Faktoren des Horoskops spiegelt, um so die jeweils zugehörige Antiszie zu ermitteln.

Die jahreszeitliche kreisläufige Entwicklung der Natur in den nördlichen Breiten unseres Planeten gibt ein gutes Bild für die Bedeutung und die Dynamik der Schöpfungsachse. Der Sonnenwendpunkt 0° Steinbock markiert eine Zeit der Wurzelbildung, eine Keimsituation. In der Steinbockphase des Jahreslaufs herrscht in unseren nördlichen Breiten tiefer Winter bei oft strenger Kälte. Die Natur erscheint karg und tot, begraben unter Schnee und Eis. Aber unter dem Eis, unter dem Frost keimt neues Leben. Dieses neue Leben bereitet sich auf seinen Aufbruch und Durchbruch im Frühling vor.

Wenn Winter, Nacht und Kälte am ärgsten sind, beginnt neues Leben. Das ist die paradoxe und zugleich hoffnungsvolle Botschaft der Natur zur Zeit des Winter-Solstitiums, des Winter-Sonnenwendpunktes. Das ist zugleich die Botschaft der Sonnenwende selbst als spirituelles Ereignis. Im Sonnenkult der römischen Zivilisation fiel der »Geburtstag« der Sonne als des *Sol Invictus*, als der »unbesiegten Sonne« auf den 25. Dezember, sobald das Sonnenlicht zunahm und die Tage wieder länger wurden. Und »mitten im kalten

Winter, wohl zu der halben Nacht« wird nach christlichem Glauben das Göttliche Kind geboren, Jesus der Erlöser.[3]

In der Astrologie wird die Analogie von Tag und Jahr immer wieder betont. Der Tag ist die kleinste Lebenseinheit, das Jahr ist die nächst größere Lebenseinheit. Wir sprechen bildlich vom »Lebensabend«, vom »Herbst des Lebens«. Diese Analogie gilt auch im Horoskop selbst: Die vier »Ecken« im Horoskop, Imum Coeli (IC), Aszendent (AC), Medium Coeli (MC) und Deszendent (DC) bezeichnen die vier Hauptpunkte im Tageslauf – Mitternacht, Sonnenaufgang, Mittag und Sonnenuntergang – und bilden damit eine Grundlage menschlichen Zeitbewusstseins. Diese vier Ecken stehen in Beziehung zu den vier Kardinalen Punkten – 0° Steinbock, 0° Widder, 0° Krebs, 0° Waage. Im individuellen Horoskop korrespondiert das IC mit dem Prinzip der Mitternacht im Tagesverlauf. Dazu führt Raymond A. Merriman in seiner ASTROLOGIE DER ENTWICKLUNG aus:

> Hier beginnt die Reise der Seele durch das jeweilige Leben, dieser Punkt steht symbolisch für den Augenblick der Zeugung. Zu diesem Zeitpunkt wird die Seele dessen gewahr, dass sie sich bald in einem physischen Körper inkarniert. Das IC steht symbolisch auch für die Bedürfnisse der Seele. Das Bewusstsein, das von diesem Punkt herrührt, steht für den weisen Rat der Seele, ein Rat, der auf dem Wissen der Seele von dem beruht, was das Individuum braucht, um sich lernend im Leben fortzuentwickeln. ... Mit dem weisen Rat der Seele trifft das Individuum Entscheidungen, die nicht nur eigene Interessen berücksichtigen, sondern die sich auch auf die Interessen aller anderen Lebewesen beziehen, mit denen das Individuum verbunden ist.[4]

Das Imum Coeli ist ein Prinzip der feinstofflichen Durchlässigkeit.

---

[3] Das Zitat stammt aus dem bekannten Kirchenlied: »Es ist ein Ros' entsprungen / Aus einer Wurzel (!) zart. / Wie uns die Alten sungen, / Von Jesse kam die Art / Und hat ein Blümlein 'bracht / Mitten im kalten Winter / Wohl zu der halben Nacht.« – Die »halbe Nacht« ist die »Mitternacht«.

[4] Raymond A. Merriman: *Astrologie der Entwicklung. Karma, Bewusstsein und die Entfaltung der Seele.* Tübingen 2013, S. 290 f.

Hier wird der inkarnierte Mensch seiner Seele unmittelbar gewahr. Gewisse Planeten am IC wie Mond, Jupiter, Neptun und Pluto begünstigen Medialität. Das IC hat Bezug sowohl zum Beginn als auch zum Ende des physisch-organischen Lebens. Hören wir weiter Merriman:

> Beim jahreszeitlichen Lauf der Erde um die Sonne korrespondiert dieser selbe Punkt mit dem Winter-Solstitium 0° Steinbock. So wie das IC bei der Drehung der Erde um ihre eigene Achse den dunkelsten Teil des Tages markiert, so kennzeichnet das Winter-Solstitium den dunkelsten Tag des Jahres auf der Erde, jedenfalls in der nördlichen Hemisphäre. ... Damit hat 0° Steinbock einen Einfluss auf das Kollektiv, was mit dem Einfluss des IC auf den einzelnen Menschen vergleichbar ist. Wenn wichtige Planeten über den Punkt 0° Steinbock wandern, wird die »Essenz der kollektiven Seele« angesprochen. Dann geschieht so etwas wie eine Empfängnis, die die Gesamtheit der Menschen beeinflussen kann. Für die darauffolgenden Jahre wird die entsprechende Idee, die entsprechende Konzeption in die Phase einer »Schwangerschaft«, einer Vorbereitung treten – und diese Vorbereitung dauert an, bis derselbe Planet über den Punkt 0° Widder geht.[5]

Bei dem kardinalen Punkt 0° Steinbock wird etwas schöpferisch gezeugt und damit ins Leben gerufen. Und gemäß der Analogie zwischen dem IC im individuellen Horoskop und dem Punkt 0° Steinbock geht es entscheidend sowohl um organisches als auch um spirituelles Leben. Merriman fährt fort:

> Bei 0° Steinbock kann es eine Idee geben, die die Menschheit möglicherweise entscheidend betrifft. Diese Idee wird nun »empfangen«, entsprechend der Natur des Planeten, der auf diesen Grad wandert. Außerordentlich wichtig sind in diesem Zusammenhang Saturn, Uranus, Neptun und Pluto. Auch der nördliche Mondknoten ist wichtig, aber seine natürliche Bewegung verläuft im Tierkreis rückwärts.[6]

Und von gesteigerter Bedeutung sind Konjunktionen der vier

[5] Merriman 2013, S. 292.
[6] Merriman 2013, S. 292.

äußeren Planeten untereinander sowie mit schnelleren Faktoren genau auf 0° Steinbock. Speziell bedeutsam sind schließlich Neustarts von Zweierzyklen der fünf äußeren Planeten auf anderen Tierkreis-Graden, wenn zeitgleich die Sonne auf oder in der unmittelbaren Nähe von 0° Steinbock steht, also um den 21. oder 22. Dezember. Dieser Fall tritt mit der Jupiter/Saturn-Konjunktion am 21.12. 2020 ein.

Merriman fährt dann mit Blick auf die Transite der vier äußeren Planeten fort:

> Wenn einer dieser Planeten über 0° Steinbock wandert, denjenigen Punkt, der den dunkelsten Teil des Jahres darstellt, dann lässt die Seele des Kollektivs ihren Ruf ertönen, um gehört zu werden. Die Menschheit hat sich so weit, wie es eben geht, von ihren Wurzeln entfernt, und sie sehnt sich danach, zu ihren tiefsten Grundlagen, zu ihren Prinzipien zurückzukehren. Das kollektive Leben ist zu dieser Zeit gewissermaßen extrem komplex geworden, doch jetzt zeigt sich die Sehnsucht nach einer Rückkehr zur Einfachheit. ... Zur gleichen Zeit wird jedoch etwas Neues empfangen, das die Menschheit möglicherweise auf dramatische Weise beeinflusst. ... Die Art und Weise, wie die Menschheit jetzt mit dieser Idee umgeht, bestimmt, ob diese Idee überhaupt je geboren wird und ob sie das Potential erreicht, zu dem sie bestimmt ist – also symbolisch beim MC bzw. auf 0° Krebs.[7]

Dabei geht es ums Ganze, um Leben überhaupt. Es geht um Grundsätzliches, um Bewahrung und Bewährung, aber auch um Vorbehalt und Hemmung und damit um Geduld, es geht um Langsamkeit und Nachhaltigkeit. Das Zeichen Steinbock ist nicht das tollste, das schönste, das tiefste, das lieblichste, das brillanteste Zeichen. Der Steinbock ist nicht der große Durchreißer und schon gar nicht »Everybody's Darling«. Aber der Steinbock ist wie kein anderes Zeichen eingewurzelt in das Leben selbst. Er »ist schlechthin«, er ist äußerst intensiv: das Musterbeispiel seiender Existenz. Er ist das konsequenteste, ernsthafteste, unermüdlichste und verantwortungsvollste Zeichen im Tierkreis. Im Steinbock, insbesondere auf

---

[7] Merriman 2013, S. 292 f.

der Schöpfungsachse, zeigt sich Leben, Überleben, zeigen sich Klarheit und Richtung von Leben und Wachstum.

Tritt ein Planet im Lauf seines Transits durch den Tierkreis ins Zeichen Steinbock, dann geht es auf diese oder jene Weise, je nach der Natur des Planeten, um das Leben selbst, um eine Einsicht in die Umstände und Bedingungen von Leben, um eine Kurskorrektur, um Veränderungen und Abbau bisheriger, nun nicht mehr hilfreicher Lebensbedingungen, es geht um grundsätzliche Neuentwicklungen. Im Kleinen bedeutet Steinbock Bewahrung und Bewährung des Lebens. Daran arbeitet auch der Einzelne, darum »kümmert man sich« mithilfe fester und schützender Strukturen, wie sie ein Haus oder eine Stadt oder ein Staat oder ein Gesetzeswerk darstellen will. Im Großen Bild umgreift der Steinbock die Hausordnung im gesamten Universum und übernimmt hier schöpferische Verantwortung. Das, was wir derzeit als Menschheitskollektiv erleben, können wir als Umbau und Neuaufbau der Lebensordnung im Universum und auf unserem Heimatplaneten begreifen.

2. Auslösungen der Schöpfungsachse im Punkt 0° Steinbock

Immer wieder wurde in den vergangenen Jahren der Punkt 0° Steinbock angerührt und ausgelöst, neben weiteren, verwandten Konstellationen, die einen Bezug zu Saturn bzw. Steinbock haben und die damit auch an die Bedeutung der Achse 0° Steinbock bzw. Krebs rühren: Immer wieder geht es um schöpferisches, kreatives Leben selbst unter den Bedingungen einer deutlichen, raschen Veränderung, Verbesserung bzw. Korrektur.

Die erste Auslösung von 0° Steinbock 1984 (siehe (Abb. 1) bezieht sich auf die spirituelle Seite der Schöpfung und der Schöpfungsachse. Der Zyklus von Jupiter und Neptun hat zunächst »Entfaltung und Weite« zum Thema. So deutet es Thomas Ring.[8] Jupiter und Neptun sind »uferlos«; es gibt keine materielle Barriere, die das Motiv der Entfaltung hindern könnte, keine Schranke, die das Motiv der Weite beeinträchtigen könnte. In Jupiter und Neptun offenbart sich der Sinn des ganzen Universums. Allerdings kann der Zyklus Jupiter/Neptun auch den Unsinn der Spinner, der selbsternannten Auserkorenen und Gurus begleiten.

Schauen wir ins Jahr 1932. Hier begann am 19.09. ein Jupiter/Neptun-Zyklus neu auf 8.25 Grad Jungfrau. Der Zyklus endete und begann wiederum neu am 22.09.1945 auf 5.55 Waage. Zwischen diesen beiden Daten liegen Aufstieg und Etablierung und endlicher Untergang des Dritten Reichs, das auf verbrecherische Weise seine pseudoreligiöse Ideologie des Herrenmenschentums vertrat. Ich nenne hier die Eckdaten:

- 30. Januar 1933, Ernennung Adolf Hitlers zum Reichskanzler durch den Präsidenten Hindenburg und damit die »Machtergreifung« mit entsprechender Umwandlung des Staates zur Diktatur.

---

[8] Thomas Ring: *Astrologische Menschenkunde*, Band III, Kombinationslehre. Tübingen 2003, S. 352.

- Jupiter Opposition Neptun (02.04.1939): 15. März 1939 Zerschlagung der »Resttschechei« und Ende der Appeasement-Politik gegenüber dem Dritten Reich. 01.09.1939 Beginn des Zweiten Weltkriegs.
- Jupiter Konj. Neptun (06.11.1945): 08. Mai 1945: Ende des Zweiten Weltkriegs.

Zeit/Datum	**Konstellation**
Januar 1984	Neustart des Zyklus Jupiter/Neptun auf 0° Steinbock
Februar 1988	Neustart des Zyklus Saturn/Uranus auf 0° Steinbock (29.55 Schütze)
März 1989	Neustart des Zyklus Saturn/Neptun (11.55 Steinbock)
Februar 1993	Neustart des Zyklus Uranus/Neptun (19.33 Steinbock)
Januar 2008	Pluto + Venus auf 0° Steinbock
21.12.2012	Ende der Langen Zählung im Maya-Kalender zusammenfallend mit Sonne auf 0° Steinbock
21. bis 25.12.2017	Saturn + Sonne + Venus auf 0° Steinbock
Januar 2020	Neustart Zyklus Saturn/Pluto (22.45 Steinbock)
April 2020	Neustart des Zyklus Jupiter/Pluto (24.53 Steinbock)
11./12.2020	Dreifach-Konjunktion von Jupiter/Pluto/Saturn
21.12.2020	Neustart des Zyklus Jupiter/Saturn (00.29 Wassermann), zusammenfallend mit Sonne + Merkur auf 0° Steinbock.

Tabelle 1: Auslösungen auf 0° Steinbock

Soweit ich blicke, lässt sich zum Januar 1984, dem Beginn des vorletzten Jupiter/Neptun-Zyklus kein markantes Datum angeben. 1984 ist allerdings die New-Age-Bewegung auf ihrem Höhepunkt. Es ist die Zeit der großen spirituellen Kongresse in Europa und Übersee mit dem Dalai Lama als Motor und Aushängeschild. Der Neubeginn des Zyklus auf 0° Steinbock, auf der Schöpfungsachse zeigt, dass Spiritualität und Sinngebung unabdingbar lebensschöpferisch wirksam sind. Hier gibt es neue Impulse, hier werden neue Ideen empfangen und entwickelt – Ideen, die sich insbesondere mit dem Verhältnis von Wissenschaft und Religion, mit dem Verhältnis von Materie und Transzendenz auseinandersetzen. Der Auftakt 1984 ist ein spiritueller Auftakt. Leben als solches ist heilig, ist in sich in organischer und damit zugleich spiritueller Weise schöpferisch. Man darf sagen, dass die »Ehrfurcht vor dem Leben«, die »Wiederverzauberung der Welt« mit diesem Impuls neue Aufmerksamkeit erhalten.[9]

Die erneute Auslösung von 0° Steinbock durch Saturn und Uranus fordert von der Seele des Kollektivs einen eigenen Standpunkt zum Leben ein. Überhaupt geht es im Zyklus von Saturn und Uranus um Autoritätskonflikte auf allen Ebenen. Die beiden Prinzipien stellen wohl die schärfsten Gegensätze dar. Auf der einen Seite gilt der Wert der Tradition (Saturn), auf der anderen Seite der Wert der Innovation (Uranus). Wird dieses Verhältnis zwischen Tradition und Innovation, zwischen konservativer und fortschrittlicher Haltung, zwischen Überlieferung und Neugestalt nicht behutsam austariert, kommt es zum Autoritätskonflikt – Saturn stellt sich angesichts der Provokation von Uranus stur, Uranus hingegen treibt an, dreht auf, stört und zerstört … und derweil ist längst mitsamt dem Bad auch das Kind ausgeschüttet. Ziel aber ist nicht der Triumph der Tradition über die Innovation oder umgekehrt, sondern Ziel ist

---

[9] Albert Schweitzer (1875–1965), Arzt, Theologe und Musiker, prägte die Maxime von der *Ehrfurcht vor dem Leben*: »Die Ehrfurcht vor dem Leben, zu der wir Menschen gelangen müssen, begreift alles in sich, was als Liebe, Hingebung, Mitleiden, Mitfreude, Mitstreben in Betracht kommen kann.« (zit. n. https://albert-schweitzer-stiftung.de/ueber-uns/menschen/albert-schweitzer/zitate#ehrfurcht – Zugriff am 24.12.2019) – 1981 erschien das populär geschriebene Buch von Morris Berman: *The Reenchantment of the World* (deutsch: Die Wiederverzauberung der Welt, 1983). In der deutschen Fassung trägt das Buch den Untertitel: Am Ende des Newton'schen Zeitalters.

die Gewinnung eines eigenen Standorts jenseits von alten (Saturn) und neuen (Uranus) Autoritäten. Das sind vorwiegend gesellschaftliche und politische Autoritäten, aber auch solche, die sich auf wissenschaftlichen oder ethischen Feldern geltend machen. Beide Prinzipien, Saturn und Uranus, neigen auf je eigene Weise dazu, sich in ihren Haltungen und Überzeugungen zu verkrampfen. Die schwierige Aufgabe für beide Kontrahenten lautet, sich einander spielerisch-flexibel zu nähern und Seelenfurcht und Psychogeschrei still schweigen zu heißen. Die wirklichen Autoritäten sind die, die es vermögen, den Konflikt hinter sich zu lassen. Immer geht es um die Gewinnung von Freiheit und Selbstverantwortung.

Der Neustart des Saturn/Uranus-Zyklus im Februar 1988 ist so etwas wie die geistige Vorbereitung auf die bald beginnenden politischen Umbrüche, die Auflösung der politischen Blöcke und damit mancher Denkblockaden. Diese »neue Politik« dürfte symbolisch auch ein Thema des Saturn/Neptun-Zyklus sein, der ein gutes Jahr später im März 1989 neu auf 11.55 Steinbock beginnt. Saturn/Neptun bringt die Grenzen ins Fließen und eventuell zur gänzlichen Auflösung. Sehr oft wird eine bis dahin starre Grenze (Saturn) zum Vorteil aller durchlässig, gewinnt aber auch ein chaotischer Zustand (Neptun) so etwas wie eine Struktur. Größere Durchlässigkeit bei steigender Verlässlichkeit, so ließe dieser Befund sich zusammenfassen. Die Entwicklung vom Fall der Berliner Mauer hin zur Etablierung der Europäischen Union, die Öffnung der Grenzen zugunsten von Freizügigkeit und freier Wohnortwahl steht am Beginn des Saturn/Neptun-Zyklus. Mittlerweile sorgen Bürgerkriege und chaotische Verhältnisse außerhalb der Europäischen Union dafür, dass Offenheit und Freizügigkeit wieder infrage gestellt werden. Die sich verstärkenden Migrationsbewegungen im Mittelmeerraum und Nordafrika führen in Europa zur sogenannten »Flüchtlingskrise ab 2015«. Seit November 2015 ist der aktuelle Saturn/Neptun-Zyklus in seiner vierten und letzten Phase.

Der Uranus/Neptun-Zyklus beginnt neu im Februar 1993 auf 19.33 Steinbock. Die Kombination von Uranus und Neptun ist nicht leicht zu verstehen. Ebertin schlägt »Ausschaltung des

Oberbewusstseins« vor[10], Banzhaf/Haebler sprechen schlicht von »Eingebung«[11]. Und Thomas Ring umschreibt vorsichtig mit »Neuland und Möglichkeit«[12]. Die »Ausschaltung des Oberbewusstseins« trifft es nach meiner Ansicht am besten, wenn das »Oberbewusstsein« mit Vernunft und Rationalität gleichgesetzt wird. Dieser Zyklus ist zudem ein langer Zyklus von rund 171 Jahren Dauer. Er startete zuletzt am 21.03.1821 auf 3.00 Grad Steinbock.

Wenn das Oberbewusstsein ausgeschaltet ist, wenn die bloße Vernunft schweigt, dann öffnen sich die Pforten zum Traumbewusstsein und überhaupt zu anderen Bewusstseinszuständen. Die kunst- und literaturgeschichtliche Epoche der Romantik, zumal der Hoch- und Spätromantik, fällt in etwa mit dem damaligen Neustart des Uranus/Neptun-Zyklus zusammen. Romantik lebt aus Gefühl, aus Leidenschaft, aus Fantasie. Romantik meint die Seele und deren Bilderwelten, Romantik ist eine Reaktion auf den Rationalismus der Aufklärung. Romantik ist damit eine besondere Art der Weltwahrnehmung und der Reaktion auf diese Wahrnehmung.

1993 wird das Internet zum Allgemeingut. Erstens, das Internet eröffnet eine unglaubliche Informations- und Bilderwelt, zweitens, das Internet verändert binnen kurzem radikal die Art und Weise des Handels und des Einkaufs. Drittens, das Internet wird zur Müllkippe, auf der jeder zu kurz Gekommene, jeder Kritikaster ungeniert und ungestraft die Sau vom Pflock lässt. Uranus/Neptun eröffnet eine technisch (Uranus) zugängliche Bilderwelt (Neptun), die (scheinbar – Neptun) anonym bzw. pseudonym (Neptun) genutzt werden kann, vielfach übrigens kostenlos. In der Kombination von Uranus und Neptun ist der Umgang mit veränderten Bewusstseinszuständen angelegt. Veränderte Bewusstseinszustände, zumal durch Drogen hervorgerufen, sind schon im letzten Achtel des

---

10 Reinhold Ebertin: *Kombination der Gestirneinflüsse.* Tübingen 2002 (zuerst 1940, 1950), S. 185.

11 Hajo Banzhaf/Anna Haebler: *Schlüsselworte zur Astrologie.* München 4. Aufl. 1997, S. 275.

12 Ring 2003, S. 363.

alten Uranus/Neptun-Zyklus ein bedeutendes Thema. Dieses letzte Achtel beginnt am 03.10.1972. Ein weiteres wichtiges Thema in dieser Zeit ist die Untersuchung von Nahtoderfahrungen.[13] Bei Drogen – wen wundert das – denkt man in den Siebzigerjahren und später an heroinabhängige Junkies. Und das Thema der Nahtoderfahrungen trifft zunächst auf die massive Abwehr der Wissenschaften und der Schulmedizin. Mit dem Start des neuen Zyklus (erstes Achtel von Februar 1993 bis 12.08.2017) jedoch erkennt man nach und nach, dass es um die Akzeptanz von und um den Umgang mit veränderten Bewusstseinszuständen geht. In die Palette dieser veränderten Bewusstseinszustände gehören offenbar Nahtoderfahrungen ebenso wie die Anderswelten, deren Pforten durch den Genuss heiliger Pilze oder des Suds aus bestimmten Kakteen erreicht werden. Und zu dieser Palette gehören auch Zustände der Medialität, gehören mystische Erlebnisse und Erfahrungen.[14]

Der »spirituelle Auftakt 1984«, der »Autoritätskonflikt« in Wissenschaft und Politik seit 1988, die Auflösung von Blöcken und Blockaden seit 1989 und das Innewerden einer umfassenderen Wirklichkeit seit 1993: Dieses knappe Jahrzehnt zwischen 1984 und 1993 rührt an nahezu alle Bereiche des Lebens – Spiritualität, Transzendenz, Wissenschaft, Gesellschaft, Politik – und macht auf den nötigen schöpferischen Umgang, auf entsprechende lebensschöpferische Innovationen auf diesen Gebieten aufmerksam. In rascher Folge kreuzen vier äußere Planeten den lebensschöpferischen Punkt 0° Steinbock, in rascher Folge starten drei langwellige Zyklen neu.

---

[13] Raymond A. Moody, *Life after Life* (USA, 1975), deutsch: Leben nach dem Tod. Die Erforschung einer unerklärlichen Erfahrung. Reinbek 1977.

[14] Medialität, Offenheit für mystische Erlebnisse – das greift gleichsam um sich, das Publikumsinteresse an diesen Gebieten nimmt seit Jahren konstant zu. Und doch leben wir nach wie vor in einer Gesellschaft der Vernünftigen, in der diese Gebiete zum Tabu, zum »No Go« erklärt sind. Ein »No Go« sind in der Tat abhängig machende Drogen. Alles andere bedarf der kundigen Begleitung von Fachleuten, die verlässlich den disziplinierten Umgang mit Anderswelten und mit verschiedenen Bewusstseinszuständen erlernt haben.

Es scheint nun eine Pause einzutreten, bis dass am 26.01.2008 auch Pluto über den Punkt 0° Steinbock läuft. Zwischenzeitlich kreuzt Jupiter zweimal diesen Punkt, nämlich am 03.01.1996 und nahezu zwölf Jahre darauf am 18.12.2007. Der letztgenannte Ingress fällt schon in den Wirkungskreis des Pluto-Ingresses am 26. Januar 2008. Jupiter ist noch immer der Wohltäter, das »Große Glück«. Es ist, als wolle Jupiter sagen: *Gebt Euch hin an den Prozess (Jupiter-Umlauf von 0° Steinbock zu 0° Steinbock) der lebensschöpferischen Intensivierung, Ihr braucht keine Angst zu haben, gerade jetzt nicht, da es nach äußeren Kriterien massiv und ungemütlich werden dürfte (Pluto).*

Die Venus, die gemeinsam mit Pluto Ende Januar 2008 ins Zeichen Steinbock wechselt, bedeutet mundanastrologisch Geld, Währungen, Finanzen und verweist auf materielle Ressourcen. Hier scheint es eine Überschneidung mit Jupiter zu geben, der ja auch auf »Reichtum« deutet. Die Venus freilich deutet sehr konkret aufs Geld, auf die Finanzen, während Jupiter weniger konkret auf ein Lebensgefühl von Reichtum und Wohlbeschaffenheit verweist. Der gemeinsame Ingress von Pluto und Venus ins Zeichen Steinbock bringt zumal den Umgang mit Geld, mit Währungen auf die Tagesordnung. Dieser Umgang mit Geld kennzeichnet den Transit von Pluto durch Steinbock. Der Umgang mit Geld wird in dieser Zeit geradezu zynisch. Unmittelbar vor dem Pluto-Ingress ins Zeichen Steinbock wurde bekannt, dass der Börsenhändler Jérôme Kerviel, angestellt bei der französischen Bank Société Générale, durch hoch riskante Börsenspekulationen seinem Arbeitgeber einen Schaden von 4,9 Milliarden Euro zugefügt hatte. Bei den nachfolgenden Gerichtsverfahren kam heraus, dass Kerviel nicht im Alleingang, sondern mit Wissen seiner Vorgesetzten gehandelt hatte. Und offensichtlich gab es bei der Société Générale erhebliche Kontrollmängel, aufgrund derer die Risikospekulationen überhaupt erst möglich waren.

2008 zeigt sich, dass Wert und Leistung längst vom Geld abgekoppelt sind. Geld bedeutet keine Sicherheit mehr, auf Geld ist kein Verlass mehr (Pluto/Venus). Diese Einsicht bereitet den Boden für eine »Umwertung aller (Geld-)Werte«. Jetzt mit dem Pluto-Transit über die Schöpfungsachse gelangen wir vielleicht vom Geldwert zum Lebenswert.

Das Ende der langen Zählung im Maya-Kalender, die damit verbundene »galaktische Ausrichtung« und deren Datierung auf den 21.12.2012 waren im Vorfeld dieses Datums nicht unumstritten. Die meisten Forscher allerdings traten für den 21.12.2012 als korrektes Datum ein. Auch hier erkennen wir wieder den symbolischen Bezug zur Schöpfungsachse bzw. zum Punkt 0° Steinbock, denn zum Ende der Langen Zählung im Maya-Kalender kreuzt die Sonne auf ihrer scheinbaren Bahn um die Erde diesen Punkt. Das Ende der Langen Zählung im Maya-Kalender ist in zahlreichen Veröffentlichungen ausführlich als Krise, als mögliche Katastrophe und als Chance kommentiert worden. Hier nur so viel:

> Zum Ende des jetzigen kulturellen Zyklus mit dem Ende der Langen Zählung und dem Erreichen der »galaktischen Ausrichtung« häuft sich durch außergewöhnliche Sonnenaktivität und durch massive klimatische Veränderungen weltweit das Rohmaterial für erneute globale oder auch kosmische Katastrophen. Was tatsächlich kommt, wissen wir nicht. Dass die letzten Jahre zugleich Jahre außergewöhnlicher Katastrophen waren, wissen wir genauer, als uns lieb ist. ... Alles in allem: ein Ende der Langen Zählung zum 21. Dezember 2012 gibt es im Wortsinn nicht, und doch ist mit dem Erreichen der »galaktischen Ausrichtung« zum 21. Dezember 2012 ein tiefer Einschnitt gesetzt, der einem zyklischen Ende gleichkommt. Der Maya-Kalender mit solcherart »Ende« der Langen Zählung prognostiziert die »Rückkehr der Götter« und damit so etwas wie den Beginn eines wunderbaren spirituellen Zeitalters.[15]

Die »kosmische Dimension« der lebensschöpferischen Kräfte wird in dem Verweis auf die Möglichkeit kosmischer Katastrophen einerseits, auf die »Rückkehr der Götter« andererseits, sehr wichtig. Wer sind diese Götter, die da zurückkehren sollen? Wir können uns vorerst vorstellen, dass sich seit dem Ende der Langen Zählung

---

[15] Christoph Schubert-Weller; Endzeit oder Übergang. Leben und Kultur, Zivilisation und Ziel am Beginn des Wassermannzeitalters. Tübingen 2019, S. 23.

vermehrt göttliche Wesenheiten auf dem Planeten Erde manifestieren und versuchen, die Menschheit auf einen geistlichen Weg zurückzuführen. Dasselbe können wir uns für technisch und ethisch weit fortgeschrittene Alien-Zivilisationen vorstellen, die den Planeten Erde auf verschiedene Weise fördern. Die Rede ist von der »Universalen Allianz«, der »Interplanetarischen Konföderation« und der »kosmischen Bruderschaft des Lichts«. Diese Gruppen von außerirdischen Zivilisationen sind geistig ausgerichtet und helfen der Menschheit auf ihrem Entwicklungspfad zu höherer Schwingung. Um nur einen zahlenmäßigen Bezug zu nennen: In der »Interplanetarischen Konföderation«, heisst es, sind zwanzig Sonnensysteme mit insgesamt 143 Planeten miteinander verbunden.[16]

Zur Wintersonnenwende 2017 trat der Saturn (erneut) ins Zeichen Steinbock ein. Beim Steinbock-Ingress zuvor, im Februar 1988, war nahezu gleichzeitig der Uranus auf 0° Steinbock gewandert: Der Saturn/Uranus-Zyklus begann neu, der Zyklus des Umbruchs und der Autoritätskonflikte. Jetzt, fast 30 Jahre später, trat Saturn gemeinsam mit Sonne und Venus über den Schöpfungspunkt in sein eigenes Zeichen Steinbock. Diese Dreifach-Konstellation ist sehr selten. Man muss zurück ins Jahr 1870 gehen, um auch nur der Zweierkonjunktion von Saturn und Sonne auf 0° Steinbock erneut zu begegnen.

Der Dezember 1870 zeigte allerdings in der Tat außergewöhnliche Konstellationen: Am 15.12. trat Saturn ins Zeichen Steinbock ein, am 19.12. folgte Venus, am 22. die Sonne … und kurze Zeit darauf, ebenfalls noch am 22. Dezember 1870, gab es eine totale Sonnenfinsternis auf dem ersten Steinbock-Grad. Es war die Zeit glanzvoller (Sonne/Venus) Reichsgründungen (Saturn), der Zurschaustellung imperialer Macht (Sonne/Saturn) und Pracht (Venus), zwar ungeheuer vital, freilich auf dem Sand des Größenwahns und der kurzsichtigen Egomanie (Neumond bzw. Finsternis) errichtet. Es war aber auch die Zeit machtvoller spiritueller Impulse

---

[16] Vgl. Johannes Holey: Bis zum Jahr 2012. Der Aufstieg der Menschheit … mit praktischen Anleitungen. Fichtenau 2001, S. 111 f.

wie der Gründung der Theosophischen Gesellschaft (1875), Revival der Astrologie seit 1875, New Thought Bewegung und Christian Science in den USA.

Der Versuch, mit diesem »Dreierzyklus« weiter in die Vergangenheit zurück zu gehen und ihn erneut um einen 21. Dezember herum zu identifizieren, scheitert übrigens. Die kleineren Zyklen von Sonne bzw. Venus gehen nicht restfrei im größeren Saturnzyklus von 0° Steinbock zu 0° Steinbock auf. Für die Zukunft gilt eine vergleichbare Dreierkonstellation im Jahr 2164. In diesem Jahr tritt Sonne am 21.12., Saturn am 23.12. und Merkur am 26.12. ins Zeichen Steinbock.

Die Konstellation von 2017 könnte man als »harmonische (Venus) Integrität« (Sonne/Saturn) auffassen. Sonne bezeichnet das Wesen (Sonne) selbst, das sich in der ihm passenden, ihm zukommenden Form (Saturn) zum Ausdruck bringt. Die Konstellation ist der Start einer Wesensentfaltung (Sonne), welche langsam, aber nachhaltig verläuft (Saturn). Mit Wirkungsbeginn dieser Konstellation wird nach und nach etwas Bedeutendes aufgebaut, etwas Machtvolles (Sonne/Saturn). Möglicherweise muss kollektiv ein Schatten übersprungen werden, muss ein entsprechend bedeutsames Vertrauen entwickelt werden. Eine Angst will überwunden, eine Schwelle endlich überschritten sein.

Diese Entwicklung ist bedeutsam und mächtig. Sie tritt aber zugleich friedvoll und liebenswürdig auf, fügt sich gut ein. Was sich da manifestieren will, hat wahrscheinlich lange Zeit Bestand. Es geht um Macht, es geht wahrscheinlich um Verantwortung. Aber diese Verbindlichkeit kommt nicht klirrend und kalt einher. Der Ernst der Entwicklung dient der Zuwendung, der Liebe, dem Frieden, der Stille. Nicht umsonst hat der Finanzastrologe Raymond A. Merriman[17], den wir oben schon im Blick auf die Deutung der Schöpfungsachse zitiert haben, diese Phase ab 21. Dezember 2017 als den »Großen Neustart« bezeichnet.

---

[17] Raymond A. Merriman: Voraussagen für 2019. Wettswil 2018, S. 24 f., dort auch weitere Verweise.

Das bedeutet nicht, dass sich nun ab sofort bzw. seit dem 21. Dezember 2017 alles Negative verflüchtigt hat. Es bedeutet nicht, dass Zusammenbrüche und Katastrophen nicht mehr möglich seien. Aber mit Venus im Spiel keimt ein Schimmer der Hoffnung auf, das Versprechen der Liebe und der Schönheit. Die Venus ist neben und mit Merkur ein Prinzip der Wahrnehmung. Dabei bezieht Merkur sich auf die Wahrnehmung objektiver Gegebenheiten, welche im Prinzip beobachtbar und messbar sind. Venus hingegen bezieht sich auf subjektive, emotional gegründete und begründete Gegebenheiten. »Die Schönheit liegt im Auge des Betrachters« ist ein klassischer Venussatz. Das Schöne aber öffnet die Pforte zu spirituellen Welten. »Nur Schönheit wird die Welt retten«, heißt es in Dostojewskis Roman DER IDIOT. Alle Kunst ist in ihrem Ursprung sakral.

Eine Form und ihr Inhalt (Sonne/Saturn) werden auf 0° Steinbock konzipiert. Und dabei kann es durchaus um so etwas Großes gehen, wie es die Gründung eines »Reiches« ist – eine komplexe, anspruchsvolle Struktur. Eine solche Struktur ist überindividuell, ist kollektiv. Sie bietet vielen Individuen Raum und Schutz. Diese freilich bleiben Individuen. Mit Venus als zusätzlichem Ingredienz wird diese Struktur zugleich transpersonal. In der Erfahrung der Liebe und der Schönheit transzendiert der Mensch die Grenzen seines Ichs. Der »Große Neustart« 2017 erinnert an Schönheit und Liebe als Segen und Erfordernis.

Noch einmal zurück zu der Konstellation von Saturn, Sonne und Venus auf 0° Steinbock im Dezember 1870 (Abb. 2). Die Venus-Kräfte dieser Konstellation von 1870 scheinen wirkungslos geblieben zu sein. Das Bild sieht folgendermaßen aus:

Venus geht gern den Weg des geringsten Widerstandes. Wenn der Widerstand zu groß ist, macht Venus sich unsichtbar. In diesem Fall bildet die Finsternis auf dem Ersten Grad Steinbock ein massives Hindernis, das noch verstärkt wird durch die wechselseitige Antiszien-Stellung von Mars und Chiron. Zur Zeit der Sonnenfinsternis bildet Venus ein Quadrat zu Chiron. Zum Deutungshorizont von Chiron gehört, dass nach der Sage Chirons Mutter das Kind

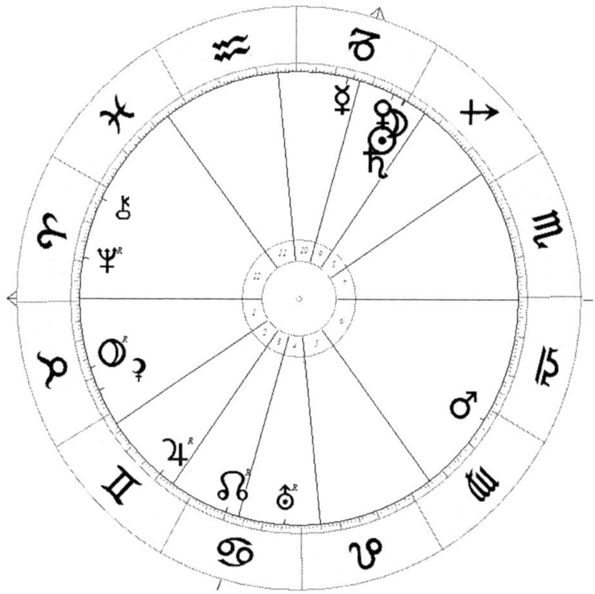

Abb.1: Neustart 1870 – 22.12.1870, Ortszeit 12.55 Uhr, Bodman, D

wegen seines hässlichen Aussehens nicht anzunehmen vermochte. Venus schämt sich und verbirgt ihr Antlitz.

Ganz anders steht die Venus beim Neustart 2017. Der Schöpfungspunkt 0° Steinbock ist nicht durch eine Finsternis beeinträchtigt. Wir berechnen das zugehörige Horoskop für Venus auf 0° Steinbock. Es gibt zwei wechselseitige Antiszien-Stellungen, einmal Jupiter mit dem absteigenden Mondknoten, zum anderen Merkur mit Pluto. Die Merkur/Pluto-Konstellation ist die Konstellation des Philosophen, der sich nicht mit oberflächlichen oder banalen Welterklärungen zufriedengibt. Eher bohrt er nach, will es genau wissen. Die andere wechselseitige Antiszie, Jupiter mit absteigendem Mondknoten, ist eine Konstellation der Sinnsuche (Jupiter). Im

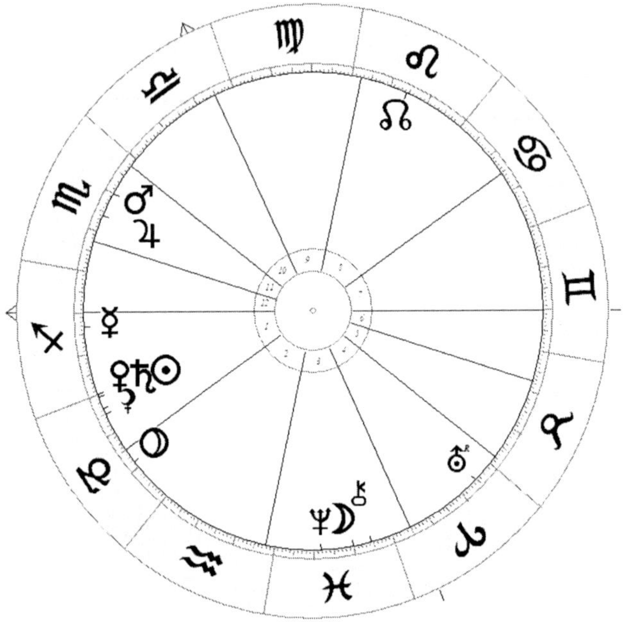

Abb. 2: »Neustart 2017« – 25. Dezember 2017, 6.26 MEZ, Bodman, D

Schicksal (Mondknoten) liegt ein Sinn verborgen, der nun in und mit der Schöpfungsachse offenbar werden kann.

Der Neustart 2017 ist wahrscheinlich weit mehr als nur der Neustart eines längerwelligen Wirtschafts- und Finanzzyklus. Sinnsuche (Merkur/Pluto) und Sinnfindung (Jupiter/absteigender Mondknoten) prägen diesen Neustart. Der Neubeginn des Saturn/Pluto-Zyklus am 12. Januar 2020 darf zunächst ähnlich verstanden werden wie der Eintritt des Pluto ins Tierkreiszeichen Steinbock am 26. Januar 2008, gemeinsam mit Venus. Wir haben eventuell die Chance, uns vom Geldwert zum Lebenswert fortzuentwickeln. Wir haben eventuell die Chance, wieder unabhängig von diesem oder jenem Marktwert selbst zu bestimmen, was uns unsere eigenen Lebenswerte *wert sind.*

Im weiteren Sinn hat der Saturn/Pluto-Zyklus mit den Themen von Form (Saturn) und Metamorphose (Pluto), mit dem Ende (Saturn) einer Macht (Pluto), mit dem Tod (Saturn) und der Verwandlung im Tod und durch den Tod (Pluto) zu tun. Man ahnt, warum Saturn/Pluto mundanastrologisch einen Wirtschafts- und Finanzzyklus darstellen soll. Es sind die Verbraucher, die Konsumenten (Saturn), die für den beständigen Pulsschlag und damit zugleich für den stetigen Wandel (Pluto) der Wirtschaft sorgen. Es ist die Öffentliche Hand, es sind die großen Institutionen, (Saturn), die den Löwenanteil an Schulden (Pluto) machen und um derentwillen Steuergelder (Pluto) generiert werden (und generiert werden *müssen* – Pluto). Verfügen die Verbraucher über viel Geld, dann wird viel konsumiert. Das kurbelt die Wirtschaft an, wie es so schön heißt. Das jedoch hat wiederum Folgekosten. Denn mit dem Verbrauch der Wirtschaftsgüter werden zugleich Ressourcen verbraucht. Zwar ist heute viel von Nachhaltigkeit die Rede, von erneuerbaren Energien (Pluto), aber da das Dogma des beständigen Wirtschaftswachstums gilt, werden trotz Nachhaltigkeit und Erneuerbarkeit immer mehr Ressourcen verbraucht. Verbrauch und Regeneration, Zerstörung und Neuaufbau, Saturn und Pluto – das ist in diesen Jahren und Jahrhunderten der monotone Gesang des Laufrads im Hamsterkäfig. Und dieses Rad läuft schnell und immer schneller.

Reinhold Ebertin übersetzt die Kombination von Saturn und Pluto mit »Schwerarbeit, Grausamkeit«.[18] Auf den ersten Blick will man den Kopf schütteln – uns ging es doch noch nie so gut! Von wegen Schwerarbeit oder Grausamkeit! Die subtile Grausamkeit der Saturn/Pluto-Kombination auf wirtschaftlicher Ebene liegt freilich in dem Zwang (Pluto), unbedingt Verbraucher sein zu sollen, und das mit Haut und Haar. Ökonomie ist ein Gott, neben dem es keine anderen Götter mehr geben darf. Das Hamsterrad des Geldes und des Habenwollens – das sind die Besatzungstruppen in

---

[18] Ebertin 2002, S. 177.

unseren Herzen.[19] Unerbittlich müssen wir leben, um zu arbeiten. Unerbittlich müssen wir arbeiten, um überhaupt leben zu können und zu dürfen. Leben als Spiel, Lebensfreude als Essenz. Der Terror der Ökonomie macht ein Leben der Freude und des Spiels unmöglich. Das ist grausam![20]

Im Jahr 2020 beginnt der Jupiter/Pluto-Zyklus neu (ab 5. April), beginnt der Jupiter/Saturn-Zyklus neu (ab 21. Dezember). Nicht jeder Zyklus, an dem Jupiter beteiligt ist, ist von vornherein ein aufbauender Zyklus. Wir haben oben den Fall des Dritten Reichs erwähnt, das von Anfang bis Ende in einen kompletten Jupiter/Neptun-Zyklus eingebettet war. Jupiter, das große Glück, führt nicht ganz selten auch in Überschwang und Größenwahn, in Übertreibung und damit letztlich in ganz großes Unglück.

Jupiter und Pluto in der Kombination sind das »Schwarze Gold«. Jupiter liefert die starken Überzeugungen, die eine entsprechende Dynamik in Gang bringen. Pluto intensiviert diesen Prozess. Aber gerade starke Überzeugungen laufen Gefahr, grandios und unwiderruflich zu scheitern, nämlich dann, wenn sie sich sachlich und ethisch als falsch, als unpassend erweisen. Die starken Überzeugungen geben sich nicht mit bloßen Verweisen auf sich selbst ab. Starke Überzeugungen sind sehr oft weltanschauungsverdächtig. Starke

---

[19] In den Erzählungen aus den 1001 Nächten berichtet Sindbad der Seefahrer, wie er und seine Reisegefährten nach einem Schiffbruch an einem fremden Gestade stranden. Die dort wohnenden Menschen setzen ihm und seinen Gefährten eine unbekannte Speise vor. Während alle Reisegefährten essen, bleibt Sindbad misstrauisch und rührt jene Speise nicht an. Sindbads Misstrauen erweist sich als gerechtfertigt, denn alle die, die einmal von dieser Speise kosten, entwickeln einen Heißhunger auf diese Speise, sie können an nichts anderes mehr denken. Sie werden gemästet, um später von jenen Leuten, einem Stamm von Kannibalen, aufgefressen zu werden (Die Geschichte von Sindbad dem Seefahrer, Vierte Reise, in: *Die Erzählungen aus den Tausendundein Nächten.* Vollständige deutsche Ausgabe in sechs Bänden zum ersten Mal nach dem arabischen Urtext der Calcuttaer Ausgabe aus dem Jahre 1839 übertragen von Enno Littmann, Band 4. Wiesbaden 1953, S. 145 f.).

[20] »Gott achtet Dich, wenn Du arbeitest. Aber er liebt Dich, wenn Du singst.« (Rabindranath Tagore).

Überzeugungen gibt es allüberall. Aber in der Regel werden sie im Gewand der Religion verkündet (Jupiter). Das wiederum stellt ein Überlebensrisiko dar. Ein einziges gutes Gegenargument, und die ganze Predigt ist für die Katz. Das ist das Wirken von Pluto. Starke Überzeugungen sind somit unfreiwillig und doch nicht ganz selten geistige Einfallstore neuer Ideen, eines neuen Spirits, eines neuen Paradigmas.

Betrachten wir nun noch einmal den Neustart des Saturn/Pluto-Zyklus in seiner ökonomischen Bedeutung. Raymond A. Merriman deutet den Neustart dieses Zyklus 2020 als krisenhaft, mit der Gefahr eines Finanz-Crashs, der unter entsprechenden Umständen sogar den Zusammenbruch von 2008 und später in den Schatten stellt. Langfristig allerdings erwartet Merriman, dass auch der neue Saturn/Pluto-Zyklus typisch verläuft: In der ersten Hälfte des Zyklus, von der Konjunktion der beiden Planeten bis zu deren Opposition, boomt die Wirtschaft bei gleichzeitig niedrigen Staatsausgaben, Vermeidung von Staatsverschuldung und niedrigen Steuern. Die Opposition von Saturn und Pluto verläuft in drei Passagen, die am 17.10.2035, 01.01.2036 und am 28.07.2036 exakt werden. Diese Erwartungen verknüpfen sich mit dem Wunsch, dass die politische Beeinflussung der Märkte durch Nullzinspolitik und durch Quantitative Lockerung endet und dass Geld wieder ansehnliche Zinsen bringt.[21]

Das ist ein restaurativer Blick auf künftiges Wirtschaften. Da der Saturn/Pluto-Zyklus im konservativen Zeichen Steinbock neu beginnt, hat diese Perspektive durchaus manches für sich. Möglich ist aber ebenso, dass im Blick auf Systeme, hier Finanzsysteme, politische Systeme, öffentliche Institutionen und kollektive herkömmliche Ordnungen (Steinbock, Saturn) Reformen (Pluto) gewagt werden, die das Paradigma des Geldwerts, des Marktwerts hinterfragen und mindestens relativieren. Hier ist eventuell ein Impuls des am 5.

---

[21] Vgl. die vorbehaltlos positive Betonung der freien Marktwirtschaft in der Darstellung Merrimans (2018, S. 25 f.) Die »freie Marktwirtschaft« betont die Freiheit des Geldes, aber nicht die Freiheit des Lebens.

April 2020 neu startenden Jupiter/Pluto-Zyklus zu erwarten. Eine Idee könnte aufkommen, die das hoch gelobte Paradigma der freien Marktwirtschaft infrage stellt, ohne dass es auf die grobe Alternative dogmatischer Planwirtschaft hinausläuft. Das Schwarze Gold aus der Tiefe könnte gleichsam im Steinbock geschürft werden: auf der Ebene der politischen und gesellschaftlichen Systeme, der Finanzsysteme.

Ideen sind immer auch gefährdet, zumal in ihrem embryonalen Zustand. Konzeption und Schwangerschaft, um im Bild zu bleiben, finden im Verborgenen statt, bleiben vielleicht unbemerkt (Pluto). Das Gold wird noch nicht als solches erkannt, weil es eben noch nicht glänzt, sondern »schwarz« ist. Die Schwangerschaft kann sich als Risiko-Schwangerschaft herausstellen.

Und es kann, um weiter im Bild zu bleiben, zu Abtreibungen kommen. Jede neue Idee ruft diejenigen Einzelnen und Gruppen auf den Plan, deren Macht und deren Interessen bei Durchsetzung dieser Idee mit einem Mal vernichtet werden. So manche Erfindung wurde aus diesem Grund unterdrückt, so mancher Erfinder wurde mundtot gemacht.[22] Auch das ist Pluto – Zwang, Unterdrückung, Verschwörung, Tod.

---

22 Vgl. Richard Milton: *Verbotene Wissenschaften.* Rottenburg 2014. – György Egely: *Verbotene Erfindungen. Energie aus dem »Nichts«. Geniale Erfinder – verspottet, behindert und ermordet.* Rottenburg 2017.

3. Der endende Jupiter/Saturn-Zyklus

Wir beginnen nun mit beispielhaften Deutungen von einzelnen Jupiter/Saturn-Zyklen. Gedeutet wird das zugehörige Horoskop, das für die exakten Konjunktion der beiden Faktoren gilt. Auf den 800-jährigen Großzyklus von Jupiter und Saturn gehe ich erst in Kapitel 6 ausführlich ein.

Bevor wir uns nun dem bevorstehenden neuen Zyklus von Jupiter und Saturn zuwenden, wollen wir einen Blick auf den auslaufenden alten Jupiter/Saturn-Zyklus werfen. Dieser Zyklus begann am 28. Mai 2000 um 16.06 Uhr Universalzeit. Die Konjunktion von Jupiter und Saturn steht auf 22 Grad 43 Bogenminuten 18 Bogensekunden Stier. Es geht uns hier um eine rückwärtsschauende, deutende Geschichtsbetrachtung. Wir gehen in drei Schritten vor:

1. Deutung und Bedeutung der Jupiter/Saturn-Konjunktion in Stier.
2. Das Welthoroskop der Konjunktion.
3. Astrogeographische Schwerpunkte und ihr historischer Bezug.

Zu 1.) Stier ist das Zeichen des Habenwollens, das Zeichen der Beharrung und Sturheit, oft auch der Schwerfälligkeit. Der Stier klebt am Gewohnten und Vertrauten fest. Man hält sich im vertrauten, schützenden Rudel auf. Im Sinnesgenuss ist der Stier großartig und häufiger auch unmäßig. Der Stier kriegt den Hals nicht voll, wie man so schön sagt; und der Hals gehört mit Mund, Schlund, Speiseröhre und Nacken auch zu den körperlichen Entsprechungen des Stier-Zeichens. Typische Tätigkeiten des Stiers drehen sich um den Umgang mit (Geld-)Werten, mit Grund und Boden. Banken und Börsen sind die entsprechenden Orte. Es geht oft um Immobilien (Hausbesitz, Eigentumswohnungen). Weitere typische »Stier-

Branchen« sind Hotellerie und Gastronomie, Herstellung von Lebensmitteln, Schmuck und Kunsthandel.

Der Zyklus von Jupiter/Saturn etabliert jeweils eine Leitidee, die dem Zeichen der neu eintretenden Konjunktion entspricht. Eine der Leitideen des nun auslaufenden Zyklus ist das »Möchtegernhaben« bei Kleinanlegern und Börsenprofis. Gier wird zum Paradigma, gleichzeitig mit der Haltung des »Geiz ist geil«. Typisch ist das Entstehen der «Dotcom-Blase« und deren Platzen im Jahr 2000. Seit den 90er-Jahren hatte es auf informationstechnologischem Gebiet (Mobilfunk, Internet, Laptop-PCs usw.) zahlreiche Weiterentwicklungen gegeben, entsprechend stürmisch gründeten sich neue Unternehmungen, die auch an die Börse gingen. Das Anlegerinteresse war groß, jeder hoffte auf die schnelle Mark und wollte durch Kauf und Verkauf von Aktien bei steigenden Kursen am erwarteten Gewinn teilhaben. Als im März 2000 die Überbewertung vieler IT-Aktien offenbar wurde, zogen erfahrene Börsianer ihr Kapital aus den zugehörigen Unternehmen ab, was im März 2000, rund zwei Monate vor dem Start des neuen Jupiter/Saturn-Zyklus, zum Absturz führte.

Typisch für das Stierprinzip war auch die sich anschließende Immobilienblase. Die beiden großen staatsnahen Hypothekenbanken der USA, Fannie Mae und Freddie Mac, hatten jede Menge Kredite unter dem Motto *Hausbesitz für alle US-Bürger* ausgegeben. Als diese Kredite nicht bedient wurden und platzten, gerieten auch Fannie Mae und Freddie Mac ins Trudeln. Mit weitgehender staatlicher Unterstützung wurden die beiden Banken am Leben erhalten. Schon das Thema des Haus- und Grundbesitzes ist ein Stier-Thema; und man kann darüber grübeln, dass zwei Bankhäuser fast so heißen wie der noch zum vertrauten Rudel gehörende Kumpel von nebenan. *Fannie* und *Freddie* – beinahe familiär!

Auch die globale Finanzkrise mit dem Zusammenbruch der Lehmann-Bank am 15. September 2008 hat eng zu tun mit dem großen Stierthema der Gier. Am 15. September 2008 geschieht Unglaubliches: Lehman Brothers, die viertgrößte Investmentbank der Welt, wird in die Insolvenz geschickt. Die Bank kollabierte unter einem

Schuldenberg von mehr als 600 Milliarden Dollar. Ca. 50.000 Bundesbürger verlieren insgesamt eine Milliarde Euro. Die Top Fünf von Lehman Brothers hingegen haben zwischen 2000 und 2007 über eine Milliarde Dollar verdient. Der Konzernchef von Lehman Brothers, Richard Fuld, verdiente zwischen 1998 und 2007 ungefähr 256 Millionen Dollar. Allein 2007 flossen unglaubliche 47,7 Millionen Dollar auf sein Konto. Rechtzeitig, bevor mögliche Schadenersatzansprüche gegen ihn geltend gemacht werden konnten, hat Fuld seine 13-Millionen-Dollar-Villa für den symbolischen Betrag von 100 Dollar an seine »Ehefrau verkauft«.[23] Die Lehman Brothers Bank verlegte sich seit 2006 auf ein offensives, um nicht zu sagen gierig-aggressives Wachstum und nahm erhöhte Risiken und stärkere Verschuldung in Kauf.[24]

Typisch war auch das Konstrukt der CDOs, die Verpackung ausfallgefährdeter Kredite in »besicherten Schuldverschreibungen«, die seit 2000 (!) aufkamen, »toxische Papiere«, die zunächst als der Stein der Weisen gegen das Kreditausfall-Risiko gehandelt wurden und sich schließlich als so stark erwiesen wie das schwächste Glied des ganzen Konstrukts.[25] Zahlreiche Banken machten bei dieser Lotterie mit und gerieten ins Trudeln, mussten vom Staat, also vom Steuerzahler, gerettet werden.

Sturheit und Unbelehrbarkeit zeigten sich bei vielen Bankern und Börsianern und ebenso in der Politik angesichts der Finanzkrise nach 2008. Der Umstand, dass Banken auf Kosten der Steuerzahler Milliarden aufgrund riskanter, sprich: unverantwortlich gieriger Geldvermehrungsstrategien, an die Wand fahren, müsste doch Politikern, die laut Amtseid geloben, »Schaden vom (deutschen) Volk zu wenden«, in die Knochen fahren und Anlass zum Ziehen der Notbremse sein. Ein einziges Beispiel, wie Politiker ihre

---

[23] Matthias Weik u. Marc Friedrich: *Der größte Raubzug der Geschichte. Warum die Fleißigen immer ärmer und die Reichen immer reicher werden.* Marburg 2012, S. 93, dort auch Belege.

[24] Weik/Friedrich 2012, S. 136.

[25] Ausführlicher habe ich dazu in meiner Darstellung zum Wassermann-Zeitalter Stellung bezogen: Schubert-Weller 2019, S. 77–79.

Verantwortung wahrnehmen: Händler an Finanzmärkten machen gigantische Umsätze. Aber sie sind von der Umsatzsteuer befreit.[26]

Gier als ein Paradigma des jetzt auslaufenden Jupiter/Saturn-Zyklus ist auch auf ganz anderen »Stier«-Feldern zu beobachten: In den letzten Jahren haben Kunstraub und Kunstdiebstahl deutlich zugenommen, wie die Tagesschau am 27.11.2019 berichtete[27].

Wohnen ist in den letzten 20 Jahren extrem teuer geworden. Mieten und Nebenkosten sind steil angestiegen. Bezahlbarer Wohnraum? Zumindest in den Städten – und nicht nur den Großstädten – Fehlanzeige! Beim Kauf von Lebensmitteln, immerhin, hat sich seit einigen Jahren der Trend zu gesunder und zu schmackhafter Ernährung deutlich verstärkt.[28]

Zu 2.) Das Welthoroskop der Jupiter/Saturn-Konjunktion zeigt eine Reihe von Besonderheiten. Es geht vor allem um folgende Konstellationen:

- Uranus im Quadrat zur Jupiter/Saturn-Konjunktion,
- Mond in Widder,
- Mond Sextil Venus,
- Stellium (Sonne, Merkur, Venus und Mars) im Zeichen Zwillinge,
- Sonne Opposition Pluto,
- Mars Opposition Pluto,
- Sonne Trigon Neptun,
- Venus Trigon Neptun,

Das Quadrat von Uranus ganz direkt zu der Jupiter/Saturn-Konjunktion fügt zu den typischen Stier-Realisierungen der letzten

---

[26] Weik/Friedrich 2012, S. 145 f.

[27] https://www.tagesschau.de/inland/sicherheit-museen-kunstraub-101.html - Zugriff am 22.01.2020

[28] Vgl. diverse Studien der Deutschen Gesellschaft für Qualität: https://www.dgq.de/aktuelles/news/lecker-guenstig-zwei-von-drei-deutschen-achten-beim-lebensmitteleinkauf-vor-allem-auf-den-geschmack/ - Zugriff am 22.01.2020.

Abb. 3: Conjunctio Aurea 2000 – 28. Mai 2000, 16.06 UT

zwanzig Jahre die ganz und gar stier-untypische Unruhe und Spannung hinzu. Was Jupiter zu erwerben und mit Saturn zu festigen trachtet, wird durch die hinzutretende Uranus-Spannung von vornherein oder nur allzu bald hinterdrein infrage gestellt. Was Fülle und Gestalt annehmen soll und in gutem Glauben gepflegt wird, wird zynisch zur Seifenblase erklärt und zum Platzen gebracht. Der Uranus ist das schadenfrohe »Ätsch« auf alle noch so positiven Leitideen von Wert- und Nachhaltigkeit. Mit Geld und Wohlstand wird auf geradezu obszöne Weise geaast. Gleichzeitig wird weltweit der Sozialstaat massiv abgebaut. Alles in allem gerät die Freiheit (Jupiter, Uranus) zum Lippenbekenntnis, sofern es nicht um die persönliche Freiheit zum skrupellosen Sich-Durchkämpfen (Saturn, Uranus) geht. Nicht von ungefähr wächst in dieser Jupiter/Saturn-Periode eine Politiker-Kaste heran, die entweder gnadenlos blendet und finassiert oder aber Freiheit und Menschenwürde opfert, damit der Turbokapitalismus weiterlaufen kann. Das Ganze heißt

»Neoliberalismus«. Der Begriff ist übrigens geklaut.[29] Von Liberalismus im Sinn persönlicher Freizügigkeit und individueller Freiheit ist der Neoliberalismus des Jahres 2020 weit entfernt. Politiker betrachten es heute als ihre Aufgabe, die Bürger ihrer jeweiligen Staaten durch repressive Gesetze zu gängeln, sie in Unwissenheit und Lethargie zu halten und per Gesetz dafür zu sorgen, dass die freien Märkte ungestört Kohle machen können.[30] Ob USA oder China, Frankreich oder postkommunistisches Russland – überall erkennen wir dasselbe Muster.

Der Widdermond erobert gern, aber er lässt sich nicht erobern. Hingabe kennt er nicht, und die, modern gesprochen, Frustrationstoleranz tendiert beim Widdermond gegen Null. Das ist gegenüber Jupiter und Saturn im Stier ein weiterer unruhevoller Widerspruch. Der Widdermond kennzeichnet die Seelenlage einer ganzen Generation: Der Einzelne will allenthalben das Heft in der Hand behalten und reagiert gekränkt und abwehrend, wenn er sich auf etwas einlassen soll, das nicht seine eigene Erfindung ist. Ein Aufbau emotionaler Bindungen kommt kaum zustande, weil der Widdermond kein Verweilen kennt. Das Mond/Venus-Sextil mag hier für eine etwas weichere Zeichnung sorgen: Die gelebte Unverbindlichkeit versucht immerhin, Missklänge zu vermeiden. Drohen derartige Missklänge, schreibt man sich sofort (Widdermond) eine beschwichtigende SMS (Venus im Merkurzeichen Zwillinge).

Überhaupt Kommunikation: Sie wird zum A und O der Zeitläufe, möglich gemacht durch allerlei elektronische Kommunikationsgeräte. In der Tat, es wird wieder mehr geschrieben, das heißt gesimst, gemailt, und es gilt in der turboinformierten Gesellschaft als unhöflich, eine E-Mail nicht binnen längstens 48 Stunden zu beantworten. Das erzeugt weitere Unruhe und trägt zur inhaltlichen

---

[29] Vgl. https://de.wikipedia.org/wiki/Neoliberalismus - Zugriff am 22.01.2020

[30] Vgl. insgesamt ebenfalls https://de.wikipedia.org/wiki/Neoliberalismus - Zugriff am 22.01.2020. – Man sagt dem Stierprinzip auch das ergebene Verharren im »vertrauten Elend« nach, frei nach dem drastischen russischen Sprichwort »Die eigene Scheiße wärmt am besten«.

Armut (und orthografischen Unzulänglichkeit) so mancher elektronischer Post bei. (Fast) alle persönlichen Beziehungen sind von dieser Art der Kommunikation bestimmt, so viel zum Zwillinge-Stellium im Konjunktionshoroskop. Eine positive Entwicklung der elektronischen Informationsgesellschaft liegt im außergewöhnlichen Zuwachs an fernunterrichtlichen Bildungs- und Ausbildungsmöglichkeiten.

Sonne und Mars in den Zwillingen in Opposition zu Pluto geben besonders zu denken, denn ein Signum der Zeit ist die gefährliche und oftmals wie heimtückisch und hinterrücks (Mars Opposition Pluto) aufbrechende Macht des Internets. Pluto hat es mit Fäkalien zu tun, das zugehörige elektronische Unwetter heißt folgerichtig *Shitstorm*. Schon das Platzen der Dotcom-Blase im März 2000 wenige Wochen vor dem Start des Zyklus war ein Hinweis darauf, wie ernst der gesamte informationstechnologische Sektor künftig zu nehmen sei: eine ebenso faszinierende wie unheimliche Macht (Sonne Opposition Pluto, Mars Opposition Pluto, bei Sonne und Mars im informationsorientierten Zeichen Zwillinge).

Die Wunschkräfte sind durchaus stark in diesen 20 Jahren, vielleicht auch in Abgrenzung zu den Zwängen, welche Pluto auferlegt. Der Gestaltungswille (Sonne) ist ohnehin schweifend, mal hierher, mal dorthin gezogen (Sonne in Zwillinge), immer in der Gefahr, sich an fantastischen Möglichkeiten zu berauschen (Sonne Trigon Neptun) und Wunschwelten zu entwerfen. Das begünstigt in dieser Zyklus-Periode durchaus die Musik[31] und musikalische Performance, aber auch die Kunst des Schreibens (Sonne/Neptun-Trigon in Luft-Zeichen) und nicht zuletzt die gesellschaftliche Öffnung für spirituelle und paranormale Themen. Dabei geht es entsprechend der stierbetonten Leitidee nun stärker um ganz praktisches, gleichsam gegenständliches Üben und Anwenden.

---

[31] In Fällen wie dem der Hamburger Elbphilharmonie hat die übliche exorbitante Budget-Überschreitung einen tiefen künstlerischen und wohl auch spirituellen Sinn. Dafür würde ich sogar gern am Aufspannen von »Rettungsschirmen« mitwirken.

Abb. 4: Conjunctio Aurea 2000 – 28. Mai 2000, 16.06 UT, Washington DC

Zu 3.) Die Astrogeografie gibt uns die Möglichkeit, zu einem gegebenen Zeitpunkt auf einer Weltkarte festzustellen, wo die Planeten in Konjunktion und in Opposition zu den Horoskopachsen (AC, MC) stehen. In diesem eingeschränkten Sinn zeigt die Astrogeografie auf einen Blick alle Relokationen. Dazu zwei Beispiele:

Die Astrogeografie zeigt uns für das Horoskop der Conjunctio Aurea 2000 im Stier für den Ort Washington DC ein Medium Coeli in Konjunktion mit Jupiter bzw. Saturn auf rund 23 Grad Stier. Für Washington und für alle Orte auf dem entsprechenden Längengrad gilt also eine Stellung der Jupiter/Saturn-Konjunktion dominant am MC. Mit einer solchen dominanten Konstellation für Washington als Sitz der US-Regierung – und damit für die gesamten USA – darf man davon ausgehen, dass die USA erheblich mit dem hegemonialen Leitbild des Jupiter/Saturn-Zyklus ab dem Jahr 2000 zu tun haben. Im Nachhinein betrachtet besteht kaum ein Zweifel daran, dass es genauso war und ist. Der Längengrad (77.02 westliche Länge) von Washington, nebenbei, läuft weitgehend abseits vom Festland über den Atlantik, streift das westliche Südamerika (Ecuador, Peru) und verläuft dann durch den Pazifik.

Der ergänzende östliche Längengrad (102.58 östliche Länge) rückt die Jupiter/Saturn-Konstellation dominant an das Imum Coeli, die Spitze des 4. Haus. Hier wären Hauptstädte und Länder Südostasiens betroffen, Bangkok (Thailand), Kuala Lumpur (Malaysia), Phnom Penh (Kambodscha) und Hanoi (Vietnam). Ein weltgeschichtlicher Bezug ist nicht erkennbar, was nichts besagt. Allerdings fällt auf, dass all die genannten Länder durchaus im Sinn der Jupiter/Saturn-Konjunktion im Zeichen Stier versuchen, sich zu konsolidieren. Eine Konsolidierung setzt für die Zeit davor Unruhe, Not, Chaos voraus. Thailand erlebt bis zum Beginn des neuen Jahrtausends eine Art von Halbdemokratie mit autoritären Rückschlägen. 2001 beginnt die »Ära Thaksin«, Letzterer der erste demokratisch gewählte Premier, und sogar regulär wiedergewählt. Doch Thaksin erliegt dem Gift der Autokratie, das Land sucht einen Ausweg aus der Endlosspirale von Unruhen, Putschs und Militärdiktaturen. Vietnam geht nach dem verheerenden Krieg der USA gegen das Land einen ähnlichen Weg wie China. Seit 1986 lässt Vietnam die orthodoxe kommunistische Einparteien-Diktatur hinter sich und baut stetig eine sozialistische Marktwirtschaft auf. Der Weg Kambodschas ist aufgrund der Traumatisierung durch das Pol-Pot-Regime (»Steinzeit-Kommunismus«) noch weitaus schwieriger, ist aber ähnlich gedacht wie die Entwicklung Vietnams. 60 % der Einwohner Malaysias sind Muslime. Es kommt regelmäßig zu Religionskonflikten mit der christlichen Minderheit in Malaysia, wobei die jeweilige religiöse Führung auf Deeskalation und Dialog setzt.

Bemerkenswert ist die dominante Stellung der Jupiter/Saturn-Konjunktion am Deszendenten. Die zugehörige DC-Linie trifft im Kongo auf Land, überquert den Tschad, Libyen, trifft Istanbul, berührt Odessa und schließlich Moskau. Türkei (Istanbul), Ukraine (Odessa) und Russland (Moskau) – sie gehören zu Krisenländern, bei denen auf die eine oder andere Weise das »Haben-Wollen« dominiert – Russland annektiert die Krim, die bisher zur Ukraine gehört, die Türkei strebt in der Region nach einer Vormachtstellung und lässt sich auf riskante militärische Aktionen ein.

Die Beispiele zeigen, dass die Astrogeografie in der Lage ist, diejenigen Länder zu »markieren«, welche in der einen oder anderen Weise für die Realisierungen der Jupiter/Saturn-Konjunktion von Bedeutung sind. Wir wollen nun den bevorstehenden Zyklus und dessen Start genau untersuchen

4. Aufbruch in eine neue Epoche?

4.1. Der Neubeginn des Jupiter-Saturn-Zyklus am 21. Dezember 2020

In dem außergewöhnlichen astrologischen Setting, das einhergeht mit einmaligen Umwälzungen in Politik und Wissenschaften, stellt der bevorstehende Neubeginn des Jupiter/Saturn-Zyklus zugleich Kontinuität und Einschnitt dar.

Die Kontinuität erweist sich im Datum: Der Zyklus-Neustart zeigt Sonne und Merkur auf dem Schöpfungspunkt 0° Steinbock. Alle vier Langsamläufer sind seit 1984 über 0° Steinbock gewandert: Neptun im Januar 1984, Saturn und Uranus im Februar 1988, Saturn erneut im Dezember 2017, Pluto im Januar 2008. Der Neustart von vier der insgesamt sechs großen Zweierzyklen ab Saturn beginnt stets in Steinbock, teilweise auch mit Bezug zu 0° Steinbock: Saturn/Uranus im Februar 1988, Saturn/Neptun im März 1989, Saturn/Pluto im Januar 2020, Uranus/Neptun im Februar 1993. Die verbleibenden zwei Langzeit-Zyklen sind Uranus/Pluto (Neubeginn 1965 in Jungfrau, 142 Jahre Dauer) und Neptun/Pluto (Neubeginn 1893 in Zwillinge, 495 Jahre Dauer).

Der Einschnitt ist durch die Position des zyklischen Neustarts auf 00.29 Wassermann gegeben, den allerersten Grad Wassermann. Nach einer Kette von zyklischen Konstellationen mit engem Bezug zu Steinbock bzw. 0° Steinbock wird jetzt die Schwelle gleichsam freigegeben. Über Jahre standen die Langsamläufer unter der lebensbewahrenden und lebensfördernden Hut des Zeichens Steinbock. Jetzt wird erstmals seit Längerem ein Schritt über Steinbock hinaus getan. Der machtvolle spirituelle und ideelle Impuls muss sich nun draußen bewähren, außerhalb des Schutzraums, symbolisch gerade mal um ein Weniges jenseits der Zeichengrenze. Der Schutzraum entspricht dem Element Erde, dem ja auch das

Zeichen Steinbock zugerechnet wird. Der nun endende Jupiter/Saturn-Zyklus begann, wie bereits dargestellt, am 28. Mai 2000 auf 22.43 Stier, ist also seinerseits ein Zyklus in einem irdischen Zeichen und steht grundsätzlich für irdische Qualitäten – Verlässlichkeit, Schutz, Bodenhaftung. Jetzt mit dem Neubeginn im Luftzeichen Wassermann könnte ein solcher Schutz fehlen. Oder aber er wird nicht mehr benötigt.

4.2. Jupiter/Saturn – Grundbedeutungen eines Generationenzyklus

Der Jupiter/Saturn-Zyklus tritt rund alle 20 Jahre neu ein, gerechnet von Konjunktion zu Konjunktion. Die durchschnittliche Zyklusdauer ist etwas geringer. Rüdiger Plantiko, der den Zyklus genau untersucht hat, kommt auf etwa 19,86 Jahre durchschnittlicher Dauer.[32]

Beide Zahlenangaben, 20 Jahre und 19 (19,72) Jahre, sind mit besonderer Bedeutung geladen. 20 bezeichnet eine alte Zählgrenze, natürlicherweise gegeben durch zehn Finger und zehn Zehen. Der Maya-Kalender fußt unter anderem auf der 20 als Zähleinheit. Auch die Kelten berücksichtigten die 20 als Zähleinheit. Diese zeigt ihre Spuren noch in der eigentümlichen französischen Zählung *quatre vingt* (4 mal 20) für 80 und *quatre vingt dix* (4 mal 20 und 10) für 90[33]. Zur Zahl 20 vermerkt Otto von Bressensdorf noch: »20 gilt als eine Zwillingszahl der Dekade. Jede Dekade handelt vom Sein. 20 drückt eine Vollkommenheit aus und symbolisiert die Vereinigung von Diesseits und Jenseits, des Reiches der Natur und des Reiches der Gnade.«[34]

Die Zahl der Durchschnittsdauer des Jupiter/Saturn-Zyklus,

---

[32] Rüdiger Plantiko: Die letzten 1200 Jahre im Lichte der Grossen Konjunktionen. 2003. http://www.astrotexte.ch/sources/jupsat.html - Zugriff am 04.01.2020.

[33] Vgl. Franz Carl Endres, Annemarie Schimmel: Das Mysterium der Zahl. Zahlensymbolik im Kulturvergleich. München 1995, S. 242 ff.

[34] Otto von Bressensdorf: Zahl und Kosmos. Tübingen 2013 (zuerst 1930), S. 59.

nämlich 19,86, ist relativ nahe bei der Dauer des Mondknoten-Umlaufs (rund 18,6 Jahre), des Saroszyklus (der längste Finsterniszyklus mit rund 18,03 Jahren Dauer) und des Metonischen Zyklus von 19 Sonnenjahren in Entsprechung zu 235 synodischen Mond-Monaten. Der Mondknoten-Zyklus entspricht einem Wirtschaftszyklus, vor allem in der Immobilienwirtschaft.[35] Mit 18 Jahren hat der junge Mensch die Volljährigkeit erreicht.

Man kann die Dauer des Jupiter/Saturn-Zyklus auch in Verbindung mit dem *Menschenalter* bringen. Dieser Begriff hat zwei unterschiedliche Bedeutungen. Die erste, gängige Bedeutung bezieht sich auf die durchschnittliche individuelle Lebensdauer von Menschen in einer bestimmten Population. Die zweite, weniger gängige Bedeutung ist der der *Generation* inhaltlich verwandt: »Menschenalter« ist der Zeitraum, der von einer bestimmten Altersstufe der Männer (am besten dem 30. Lebensjahre) bis zur Erreichung derselben Altersstufe durch die Söhne verstreicht. … Anstatt der von einer Generation zur andern mit den Lebensbedingungen wechselnden Zwischenzeit nimmt man als Menschenalter in der Geschichte eines Volkes das Mittel einer Mehrzahl aufeinander gefolgter Generationen desselben an.[36] Bei einer dichten Aufeinanderfolge von Generationen, wie in vielen Dritte-Welt-Kulturen zu beobachten, rückt das entsprechende »Menschenalter« durchaus in die Nähe von 20 Jahren.

In allen Kulturen der Welt sind es die jungen Erwachsenen, die den Ton angeben. Junge Erwachsene bestimmen Stil und Mode, bestimmen die Tops und Flops. Zu jeder Generation gehört auch eine bestimmte Sicht auf Leben und Welt. Auch hier sind oft die jungen Erwachsenen ideen- und federführend. Das bedeutet nicht, dass die anderen nichts zu sagen hätten. Aber die Jungen und die jung Gebliebenen sind die Lautesten und am höchsten Begeisterten. Sie stehen an einer Front, an der die neusten der neuen Ideen

---

[35] Merriman 2018, S. 30 f.

[36] Vgl. Meyers Großes Konversations-Lexikon, Band 13. Leipzig 1908, S. 610; hier zitiert nach http://www.zeno.org/Meyers-1905/A/Menschenalter - Zugriff am 05.01.20.

eingebracht werden: Ideen allerdings, die ein Menschenalter lang wirkmächtig, »hegemonial« sein wollen.

Jupiter ist da die treibende Kraft. Nicht umsonst herrscht Jupiter im Schützen und zugleich nach alter Zuordnung in den Fischen. Jupiter ufert aus, im Schützen nach oben und in die Weite und in den Fischen in die Tiefe und in die Weite. Jupiter ist in der Kombination von Jupiter und Saturn der aktive Partner, der sich ausdehnt und in seiner Wahrnehmung das ganze Universum auslotet. Jupiter entdeckt allenthalben Sinn und Weisheit, Gedeihen und Auftrieb. Jupiter ist gütig, wohlwollend, gerecht. Jupiter ist das große Glück, das zum Vertrauen in die Kräfte des Lebens aufruft.

Jupiter ist natürlich damit der große Herausforderer. Die Welt ist im Prinzip gut, lässt Jupiter diese Welt wissen, also soll sie sich bitte sehr auch so verhalten. Für dieses Wohlverhalten wirbt Jupiter, wirbt um Vertrauen … aber er weist die unmittelbare Verantwortung dafür klar und deutlich zurück. Er hat bereits für gehobene Stimmung und glänzende Augen gesorgt. Jetzt kommt Saturn an die Reihe und zu seinem – ja Recht, obgleich es mehr eine heilige Pflicht ist. Saturn ist derjenige, der darauf achtet, dass sich die Ideenwelten Jupiters, seine priesterliche Weisheit und seine herzumspannende Großzügigkeit auch im normalen, zeitgebundenen Leben manifestieren. Dem Jupiter fällt vieles Gute und Ideale ein. Saturn sorgt dafür, dass die Spreu vom Weizen getrennt wird – und dass das Getreide auch wächst und zu Brot, zu Seelennahrung wird. Saturn materialisiert, wird konkret, gibt Form und Halt. Wenn Jupiter seine problematischen Seiten zeigt und sich als eitler und selbstgefälliger Oberpriester aufführt, der andere die Arbeit tun lässt, tritt Saturn regulierend und korrigierend in Aktion.

Das gehört freilich mit zu der Front, von der ich oben sprach: Die jupiterhaften Ideen und Ideale durchlaufen eine Prüfung. Und diese Prüfung ist ebenfalls Sache derjenigen Generation, die da Ideen und Ideale erkennt und erprobt. Einfacher und schwieriger zugleich wird es, wenn Ideen und Ideale mit einer Person, einer Persönlichkeit, einem Vorbild verbunden sind. Die Idee oder Ideen verdichten sich zu einem zeitgeistigen Thema, das zugleich von einem Vorbild, einem Ideal – oder auch einem Idol – repräsentiert wird. Dieses Vorbild ist wohl vorzugsweise eine Persönlichkeit, sozusagen der König, der sich nun im Namen der neuen Idee erhebt und dieser Idee ein Reich schafft. Aber es muss sich nicht um eine Person handeln.

4.3. Ein historisches Beispiel: Conjunctio Aurea und Französische Revolution

Wir wollen uns den Jupiter/Saturn-Zyklus von 1782 anschauen. Die Französische Revolution fällt in die Gültigkeit dieses Zyklus, dessen Horoskop damit auch entsprechende Themen spiegeln sollte. Hier steht die Konjunktion auf 28.07 Schütze.

Der Verstand selbst ist das Paradigma dieses Zyklus. 1781 erscheint die KRITIK DER REINEN VERNUNFT von Immanuel Kant. Klassisch für diese Zeit ist Kants Ermutigung: »*Habe Mut, Dich Deines Verstandes zu bedienen!*« Der Verstand ist es, durch dessen freien Gebrauch der »*Ausgang des Menschen aus seiner selbst verschuldeten Unmündigkeit*« erreicht werden soll (Kant, 1784). Diesem Ideal (Schütze) soll auch die Literatur dienen. Literatur will den Leser moralisch bilden und seine Verstandeskräfte wecken. Friedrich Schiller prägt 1784 die Rede von der SCHAUBÜHNE ALS MORALISCHER ANSTALT. Es geht dabei um praktische Weisheit, um Aufklärung. Die Schaubühne ist es, die »*jeder Seelenkraft Nahrung gibt*«, welche »*Bildung des Verstandes und des Herzens mit der edelsten Unterhaltung vereinigt*« und die Menschen »*durch eine allwebende Sympathie verbrüdert, in ein Geschlecht wieder auflöst*«. Sie ist es, die den Menschen fühlen lässt, wie es ist, »*ein Mensch zu sein*«.[37]

Neben den Verstand tritt gewissermaßen das Wort, die Rede, die Sprache als weiteres Paradigma. Das Horoskop der Conjunctio

---

[37] Friedrich Schiller: *Was kann eine gut stehende Schaubühne eigentlich wirken*, Rede vom 26. Juni 1784 vor der kurpfälzischen Deutschen Gesellschaft, abgedruckt in: Thalia – Erster Band, Heft 1, S. 1–27. Zit. n. https.wikisource.org, Zugriff 10.1.20.

Aurea 1782 zeigt den fast vollendeten Neumond in der direkten Halbsumme von Merkur und Venus. Die Kombination Merkur/Venus ist die klassische »Schriftsteller-Konstellation«, sie steht aber ebenso für den Flirt, für das intelligent-reizvolle Wortgeplänkel.[38] Die beiden Lichter in der Halbdistanz zu Merkur und Venus deuten an, wie hochbedeutsam diese Schriftstellerkombination nunmehr ist. Schreiben ist als solches unterhaltsam, aber es ist auch rational (Merkur/Venus = Sonne) und emotional (Merkur/Venus = Mond).

Die Epoche des *Sturm und Drang* ist in dieser Zeit auf ihrem Höhepunkt. Der Sturm und Drang dramatisiert das naturalistische, leidenschaftliche Erleben des Menschen. Die Autoren des Sturm und Drang zeigen sich gefühlsbetont und enthusiastisch und üben insofern Kritik am Primat der Vernunft, wie ihn die Aufklärung vertritt. Der Mensch ist dazu berufen, aufgrund seiner Fähigkeiten und Gaben als Individuum Bedeutendes zu leisten und gleichzeitig gegen bestehende Normen zu rebellieren. Dazu gehörte auch der Ruf nach Überwindung feudaler und absolutistischer Herrschaftsformen. Natur, Kunst, Poesie, Liebe – das waren die enthusiastisch-emotional vertretenen Themen.

Das Horoskop der Conjunctio Aurea von 1782 (Abb. 5) zeigt ein Stellium in Waage (Venus, Mars, Neptun und absteigender Mondknoten) und in Skorpion (Sonne, Mond und rückläufiger Merkur). Der neue Zyklus zeigt somit einerseits ein gewisses Bedürfnis nach Ausgewogenheit, nach Friedfertigkeit und Schönheit, andererseits aber mit dem Skorpion-Stellium auch mörderische, unheilvolle Vorbedeutungen. Die Neumond-Stellung im Skorpion unterstreicht das Motiv des Abschlusses und des Neubeginns eines Zyklus. Die Conjunctio Aurea bringt, so sagt man, auch eine besondere Königsfigur hervor. Aber mit dem Skorpion-Stellium und dem darin enthaltenen Skorpion-Neumond könnte man glauben, dass zugleich ein König umgebracht wird, dass damit eine Spirale von Tod und Gewalt (Skorpion) in Gang kommt, die es so schon lange nicht mehr gegeben hat.

---

[38] Vgl. Ebertin 2002, S. 105.

Abb. 5: Conjunctio Aurea 1782 – 05. November 1782, 9.25 UT

Am 14. Juli 1798 stürmte der Pariser Pöbel die Bastille, ein mehr symbolischer als wirklich politischer Akt. Denn von den im Triumph befreiten Gefangenen waren einer wegen Blödsinns, einer auf Ansuchen seiner Familie und vier wegen Fälschungen interniert. Die Köpfe der ermordeten Wachen wurden auf Piken durch die Stadt getragen und man proklamierte die »Herrschaft des Volkes«. Zum Herzog von Liancourt, der ihm noch in später Nacht diese Vorgänge meldete, bemerkte der König bestürzt und schlaftrunken: »Aber mein Gott, das ist ja eine Revolte!« »Nein, Sire«, erwiderte der Herzog, »das ist die Revolution!«[39] Am Ende steigt der König aufs Schafott, er wird in der Tat umgebracht.

[39] Vgl. Egon Friedell: Kulturgeschichte der Neuzeit. Die Krisis der europäischen Seele von der schwarzen Pest bis zum Ersten Weltkrieg. Band I, München 1980 (zuerst 1927), S. 840.

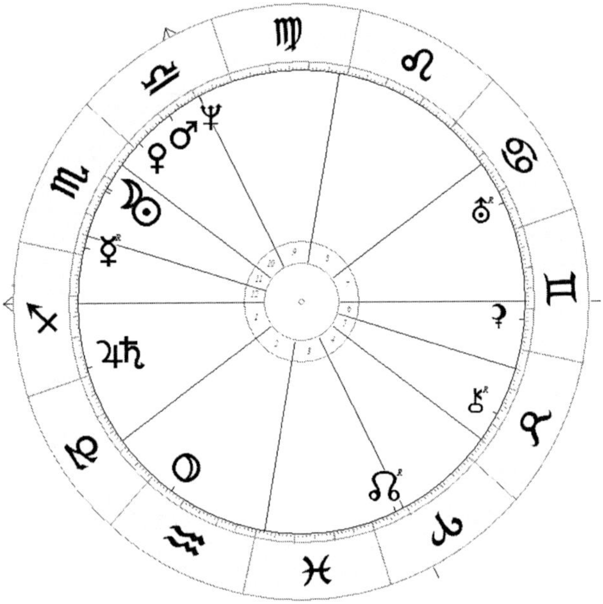

Abb. 6:
Conjunctio Aurea 1782 – 05. November 1782, 9.25 UT, Paris, F

Wir haben das Horoskop der Conjunctio Aurea von 1782 zunächst ohne Häuser gedeutet, weil es ja weltweit gilt. Da jedoch die Französische Revolution ein ganz herausragendes Ereignis im Verlauf des Zyklus mit Beginn von 1782 ist, können wir auch den Versuch mit einem ortsabhängigen Horoskop machen. Dies setzt uns in den Stand, genauer und gezielter zu deuten. Bei diesem Versuch geht es nicht um eine Relokation mit der Jupiter/Saturn-Konjunktion in einer der vier Horoskop-Ecken. Aber eine Relokation ist dieser Versuch durchaus auch!

Bleiben wir bei der Neumond-Stellung im Zeichen Skorpion. Mond ist der Hauptherrscher im 8. Haus, Sonne der Nebenherrscher, und beide Faktoren begegnen einander im Zeichen der Entsprechung für das 8. Haus, nämlich im Skorpion. Das ist schon ein deutlicher Hinweis auf die blutigen Gewalttaten während der

Revolutionszeit. Mond steht mundan auch für das Volk, Sonne für die Herrschaft, für den König. Volk und König treten nun in einen neuen Zyklus ein (Neumond), in dessen Verlauf das Verhältnis zwischen Volk und König total verändert (Skorpion) wird. Die Neumond-Stellung fällt hier ins 11. Haus, in das Haus der auch gesellschaftlichen Veränderungen, das Haus des Weltbürgertums, des Gemeinschaftsgeistes. Hier heißt das neue Paradigma in der Tat »Herrschaft (Sonne) des Volkes (Mond)«.

Zwei markante Konstellationen verbinden sich mit den Achsen: Neptun Konjunktion MC, Lilith in Konjunktion mit dem DC. Erstens sind Kurs und Richtung in diesem Zyklus relativ unklar, sind chaotisch und konfus, und zweitens beschwören die so groß in Szene gesetzten Ideale (AC Schütze) zerstörerische oder zumindest sehr eigenartige Gegenkräfte (DC Konj. Lilith).

Der Zyklus endet am 17. Juli 1802 auf 5.08 Grad Jungfrau. In die Zeit ab 1802 fällt die Beschneidung der kirchlichen Macht durch die sogenannte Säkularisation, die zugleich den geopolitischen Zielen Frankreichs diente.

4.4. Die Conjunctio Aurea vom 21. Dezember 2020 im luftigen Herrschaftszeichen Wassermann

Wir wollen nun die bevorstehende Konjunktion von Jupiter und Saturn gründlich deuten. Sie findet, wie schon erwähnt, auf dem ersten Grad Wassermann statt, auf der Position 00.29 Wassermann. Der Wassermann ist ein Herrschaftszeichen, ähnlich wie sein Gegenzeichen Löwe. Letztmalig fand die Konjunktion von Jupiter und Saturn im Zeichen Wassermann am 16. März 1405 statt. Es war die Zeit der vorreformatorischen Bewegungen. Die katholische Kirche war ethisch und wirtschaftlich in einem beklagenswerten Zustand. Seit 1378 befand sich die katholische Kirche in Spaltung. Drei Päpste, der eine in Rom, der andere in Pisa, der dritte in Avignon, konkurrierten um die Macht. Der römisch-deutsche König Sigismund setzte die Kirche zur Beendigung des Schismas von 1378 massiv unter Druck. Die geistliche Spaltung der Kirche zog die politische Spaltung nach sich – die drei »Lager« der Kirche bekriegten sich. Mehr noch, die europäischen Mächte stellten sich jeweils, wie es opportun erschien, hinter diesen oder jenen Papst und dessen Anspruch auf die Macht. Damit riskierten sie offene Auseinandersetzungen. Sigismund gelang es, den einen Gegenpapst Johannes XXIII. zur Einberufung eines Konzils zu bewegen. Dieses, das einzige übrigens in der Kirchengeschichte, das nördlich der Alpen stattfand, begann am 5. November 1414 und endete im März 1418.

Jupiter/Saturn ist nach der Überlieferung ein Zyklus, in dessen Verlauf ein Herrscher aufsteht, der etwas vom Weltregenten an sich haben dürfte. Die Besonderheit des jeweiligen Herrschers liegt in demjenigen Tierkreiszeichen, in dem der Zyklus neu startet. Der Zyklus, der etwa sechs, sieben Jahre v. Chr. neu startete, begann im mystischen Zeichen der Fische. Jesus Christus ist *das* Paradigma dieses Jupiter/Saturn-Zyklus. Auf die Frage, ob er der lang erwartete Messias sei, ob er als »König der Juden« gelte, antwortet Jesus bezeichnenderweise zweideutig. Das ist durchaus typisch für die Fische-Qualität. Und dazu passt die rätselvoll-tiefe Ansage von Jesus: »*Mein Reich ist nicht von dieser Welt.*«

Beginnt der Zyklus in Wassermann neu, darf man ein ungewöhnliches Königtum erwarten. Das ist ein König, der die kirchlichen Vertreter in all ihrer Mediokrität vorführt und der doch den einzelnen Würdenträger respektiert, ein König, der die Kirche gewaltig unter Druck setzt und dabei diplomatisch bleibt, zugleich ein Machtpolitiker, der die bewaffnete Auseinandersetzung nicht scheut. Er tritt mit einer klaren geistigen Grundhaltung (Wassermann!) an: den politischen Stillstand aufzubrechen. Schauen wir nun im Blick auf die bevorstehende *Conjunctio Aurea* im Einzelnen an, was Jupiter und Saturn im Zeichen Wassermann vermögen.

Jupiter ist der große Optimierer. Steht er im Wassermann, erreicht Jupiter, wie Thomas Ring schreibt, das Optimum »im geistig

Ordnenden, der Gestaltung im Rahmen gedachter Weltsystematik«.[40] Die »gedachte Weltsystematik« macht sozusagen das Machtbewusstsein des alten Herrscherzeichens Wassermann aus. Weiter führt Ring noch an: Jupiter im Zeichen Wassermann »wird produktiv in *gedanklicher Durchbildung praktischer Vorhaben*, Abklärung leitender Ideen, Fortschrittsglaube, vernünftige Beherrschung der Triebe; Erfolge durch angewandte Menschen- und Sachkenntnis, kann unsentimental mit Stoff und Aufgabe wechseln. Bei ernst vertretener Sache liegt das Glück im Ausharren bis zu ihrem Sieg, nie müde im optimistischen Schwung, an die Stelle des ursprunghaft Schöpferischen, Personengebundenen treten Gesichtspunkte allgemeingültiger Auswertung von bereits vorhandenen, darin erfinderisch, zuweilen auch etwas blutleere Ideologien, deren Forderungen über das Gedeihliche hinaufgeschraubt werden; meist humanitäre Einstellung, die alles im Licht des Verzeihlichen sieht.«[41]

Der Saturn in luftigen Zeichen verfügt nach Thomas Ring über ein »intentionales *Wort- und Begriffsgedächtnis*, entsprechend einer gewissen Leichtigkeit der Bezifferung und Anordnung von Erfahrungsstoff … Der bedeutungshaltige Standpunkt begünstigt bei den Luftzeichen, sich rasch des Üblen und Drückenden erlebter Tatsachen zu entheben, auf freundlichere Dinge oder Betrachtungsweisen überzugehen. Negativ kann werden, dass die Wahrnehmung leicht an dem vorbeisieht, was nicht zur angenommenen Lehrmeinung passt oder mit einem genehmen Begriff betitelt werden kann.«[42] Im Luftzeichen Wassermann ist damit der Saturn auf *Plan und Disposition* ausgerichtet, dadurch oft *breit angelegten Wissensstoff* umfassend, Systematik gedanklicher Fertigformen zur praktischen Anwendung, die über Einzelheiten gleichmütig und sozusagen beispielhaft, kasuistisch verfügt.[43]

Der optimistische Schwung eines Jupiter in Wassermann wird

---

[40] Ring 2003, S. 219.
[41] Ring 2003, S. 227.
[42] Ring 2003, S. 157.
[43] Ring 2003, S. 148.

Abb. 7: Conjunctio Aurea 2020 – 21. Dezember 2020, 18.22 UT

produktiv in *gedanklicher Durchbildung praktischer Vorhaben.* Der Saturn in Wassermann bedarf der Erfahrungswerte, die in eine Ordnung – nach *Plan und Disposition* – gebracht werden. Der Wassermann-Saturn ist der große Sachkenner. Jupiter allein könnte bei bloßer gedanklicher Arbeit und unreflektiertem optimistischem Schwung im Wolkenkuckucksheim landen. Jupiter ist im Wassermann die enthusiastische Utopie. Saturn ist im Wassermann neben seiner Sachkenntnis der Abklärung leitender Ideen verpflichtet. Aus Enthusiasmus und Utopie (Jupiter) wird nun Klarheit geistiger Grundlegung, die sich auch nicht scheut, in die Breite zu gehen: alles in allem ein realistischer Fortschrittsglaube.

Jupiter ist ein Prinzip, das vorwiegend emotional und dramatisch einherkommt. Er herrscht im feurigen Schützen und in den wässrigen Fischen. Feuer und Wasser sind die emotionalen Elemente, Erde und Luft sind rational, sind realistisch. Jupiter braucht die großen Gesten, er liebt das priesterliche Auftreten, er steht für die heilige Feier des Lebens. Die leichte Kühle der Luft, die leise Distanz – das ist nichts für Jupiter. Saturn hingegen liebt die Luft: Im Wassermann ist er zu Hause, in der Waage steht er erhöht. Saturn kommt mit knappen Gesten aus, er tritt, wenn überhaupt, eher königlich als priesterlich auf – nicht im Ornat, sondern in bescheidener Kleidung. Genau darum nimmt man ihm die Königswürde auch ab. Saturn hat nichts gegen die heilige Feier des Lebens. Er selbst tanzt nicht auf der Straße – er übernimmt vielmehr die Verantwortung dafür, dass andere unbeschwert auf den Straßen tanzen können.

Jupiter wird sich im Zeichen Wassermann vieles einfallen lassen, was zu einer innovativen Weltsystematik wird und was von dorther zu geistigen und praktischen Ordnungen führt. Das kann ein überwältigend fruchtbares Paradigma sein, eine alles beherrschende Leitidee. Man mag vielleicht mit einer technischen bzw. elektronischen Innovation rechnen. Wassermann ist ja auch ein »technisches« Zeichen. Aber Uranus, der schließlich auch ein legitimer Herrscher des Zeichens Wassermann ist, besitzt die Eigentümlichkeit, gerade das Unerwartete Wirklichkeit werden zu lassen. Im Bereich technischer Innovationen kann es Überraschungen geben: Neue Technologien bedeuten unter Umständen die grandiose Pleite älterer Technologien. Wer mit Werten zu tun hat, egal, ob es sich um materielle, um ideelle, um ethische oder spirituelle Werte handelt, sollte sich auf den Sturz seiner Werte gefasst machen. Manches spricht dann für denjenigen Wert, für jenes Ethos, welche nach dem Wertesturz übrigbleiben.

Es wird zu einem Boom an Individualismus kommen, jeder will anders sein als alle anderen. Der rote Teppich für jeden in einer anderen Farbnuance! Der Individualismus ist das entwicklungsgeschichtlich nötige Durchgangsstadium zur Heranbildung der Persönlichkeit.

Wassermann arbeitet gern mit einer Leitidee, mit einem Paradigma. Es könnte um ein ganz neues Lehrgebäude gehen. Es ist gut möglich, dass diese Leitidee technisch, maschinell oder elektronisch orientiert ist, aber Wassermann (und Uranus) bedeuten weit mehr als nur Elektronik oder Technik! Machen wir uns klar, dass der Tierkreis einem inneren Plan gehorcht, der vom Lokalen über das Globale zum Universalen voranschreitet. Lokal sind die ersten vier Tierkreiszeichen, der erste *Durchgang durch die vier Elemente*, ganz im Hier und Jetzt verhaftet:

Zeichen	**Element**	**Lokaler Bezug: Hier und Jetzt**
Widder	Feuer	Unmittelbarer Impuls: Da bin ich.
Stier	Erde	Ortsgebunden: Das gehört mir.
Zwillinge	Luft	Im Austausch: Das interessiert mich.
Krebs	Wasser	Geborgenheit stiftend: Das trägt mich, das trage ich.

Tabelle 2: Der erste Durchgang durch die Elemente

Der zweite Durchgang durch die Elemente bezieht sich auf das Welt- und Lebensganze, auf die Grundbedingungen und Grundantriebe des menschlichen und nicht-menschlichen Lebens:

Zeichen	**Element**	**Globaler Bezug: Die »condition humaine«**
Löwe	Feuer	Die Würde des Menschen: Ehrfurcht vor dem Leben.
Jungfrau	Erde	Was der Mensch braucht: Dienst am Leben.
Waage	Luft	»Es ist nicht gut, dass der Mensch allein sei«: Leben als Beziehung, Angewiesen-Ssein, Gestaltung.
Skorpion	Wasser	Der faustisch forschende Mensch: Leben als Geheimnis.

Tabelle 3: Der zweite Durchgang durch die Elemente

Der dritte Durchgang durch die vier Elemente stellt den Bezug zum Universum, zu Gottes gesamter Schöpfung sicher. Dorthin strebt der Mensch, dorthin sehnt er sich, und von dorther fällt ein Abglanz auf den suchenden und sich sehnenden Menschen.

Zeichen	Element	Universaler Bezug: »Die Haushaltung Gottes«
Schütze	Feuer	Das Streben nach Höherem, nach dem Idealen.
Steinbock	Erde	Das Streben nach dem göttlichen Gesetz.
Wassermann	Luft	Das Streben nach universaler Einsicht.
Fische	Wasser	Das Streben nach dem All-Eins-Sein in Gott.

Tabelle 4: Der dritte Durchgang durch die Elemente

Im Wassermann geht es also um eine gänzlich umfassende, eben universale Einsicht. Das kann der »Stein der Weisen« sein oder die »Weltformel« oder das Aleph der Kabbalisten. Es kann dies das eine neue Weltparadigma sein – verbunden mit der tieferen Einsicht, dass wir immer noch im Grunde gar nichts wissen. Doch ist es gut möglich, dass mit Jupiter/Saturn, neu beginnend auf dem 1. Grad Wassermann, ein natur- oder geisteswissenschaftlicher Erkenntnisprozess startet, dessen Ergebnisse außergewöhnlich sind. Die Welt, das Universum werden fortan vielleicht anders systematisiert und kartografiert als zuvor, weil es zu einem Paradigmenwechsel, zum Wandel einer kosmologischen oder auch nur globalen Leitidee kommt.

4.5. Weltgegenden der Conjunctio Aurea – Die Berücksichtigung der Astrogeografie im Horoskop der Conjunctio Aurea von 2020

Die Astrogeografie, auch Astro*Carto*Graphie genannt, haben wir bereits als eine besondere Technik der Relokation von Horoskopen kennengelernt. Diese Technik zeigt für beliebige Horoskope, wo auf der gesamten Welt die Planeten des jeweiligen Horoskops in Konjunktion oder in Opposition zum AC und zum MC stehen. Planeten an den Achsen gelten als besonders bedeutend und stark.

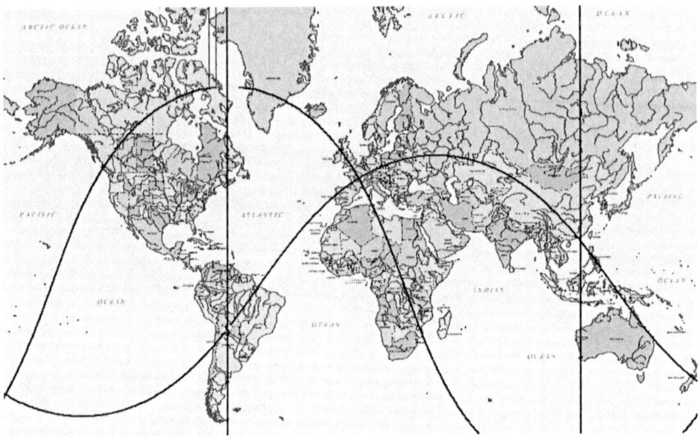

Abb. 8: Astrokartografie Jupiter/Saturn-Konjunktion 21.12.2020

Mit der Astrogeografie lässt sich somit zeigen, in welcher Weltgegend die Jupiter/Saturn-Konjunktion des zugehörigen Konjunktionshoroskops »stark« steht. Dort sind besondere Einflüsse erwartbar, die Länder in der betreffenden Region dürften in Bezug auf die Themen der *Conjunctio Aurea* eine besonders wichtige Rolle spielen.

Wir können für die Conjunctio Aurea 2020 im Wassermann mit Hilfe der Astro*Carto*Graphie drei Großregionen namhaft machen (Abb. 8), für die die Konjunktion stark und mit engem Achsenbezug steht. Es handelt sich um

- China (Borneo, Indonesien, Westaustralien) mit der Jupiter/Saturn-Konjunktion um das Imum Coeli. Das Horoskop der Conjunctio Aurea, auf Peking berechnet, führt auf ein IC bei 00.30 Wassermann.
- Frankreich (dazu ganz Afrika in Nord/Süd-Ausdehnung) mit der Konjunktion um den Deszendenten. Das Horoskop, berechnet auf Paris, zeigt einen AC bei 00.56 Löwe.
- Südamerika (Argentinien, Brasilien, Venezuela) mit der Konjunktion um das MC. Das Horoskop, auf den venezolanischen Ort Maturín berechnet, zeigt ein MC bei 00.30 Wassermann.

Betrachten wir zunächst das Horoskop der *Conjunctio Aurea 2020* für China (bzw. Borneo, Indonesien und Westaustralien). Die Konjunktion selbst steht am Imum Coeli, an der Spitze des 4. Hauses. Das 4. Haus bezeichnet die Grundlagen, die Fundamente, die Traditionen der Gesellschaft. Das 4. Haus steht für das Volk, vor allem das »gemeine Volk«. Das Grundmotiv des Zyklus, die originelle Leitidee, die grundstürzende Einsicht verbindet sich hier mit den mundanen Themen des 4. Hauses – Traditionen, Landwirtschaft. 4. und 10. Haus stehen in innerer Verbindung, und die Konstellation an der Spitze des 4. Hauses kann darum auch als Leitbild nationaler bis nationalistischer Haltungen gelten.

Was bedeutet das? Zumindest »zu Hause« in China spielt ein neues Paradigma, spielt eine neue Leitidee, vielleicht auch ein neues Lehrgebäude oder eine Doktrin eine besondere Rolle. Dieses Leitbild stellt sich als nationale Eigentümlichkeit oder Besonderheit dar. Das Leitbild dürfte im Volk eine Rolle spielen, dürfte sich im Volk verankern. Die Regierung scheint auf den ersten Blick wenig damit zu tun zu haben. Es handelt sich aber nicht einfach um einen volksnahen chinesischen Sonderweg. Die Sonne, auch in mundanen Horoskopen einer der wichtigsten Faktoren, steht hier im 3. Haus – und herrscht im 10.! Die Sonne steht in erster Linie für die Herrschaft, ist also hier in ihrer Bedeutung eng mit der Bedeutung des 10. Hauses (Regierung) verknüpft.

Das 3. Haus nun hat zu tun mit Bildung und Ausbildung, aber auch mit Handel und Wandel, mit allen Belangen des Waren- und Ideenaustauschs – und darum auch mit Kommunikations- und Transportwegen aller Arten. Die Regierung (10. Haus) macht sich Handel und Geschäftsbeziehungen als Thema zu eigen (Sonne im 3. Haus); und zugleich herrscht Jupiter, der der aufs Optimum bedachte Partner in der *Conjunctio Aurea* ist, im 3. Haus. Denkbar ist auch ein neues nationales (4. Haus) Leitbild (Start des Zyklus in Wassermann) hinsichtlich Bildung und Ausbildung (3. Haus). Die neue Art zu lernen, könnte man pointiert im Stil eines Werbetextes sagen. Dabei könnte es nicht nur auf kognitives Lernen ankommen

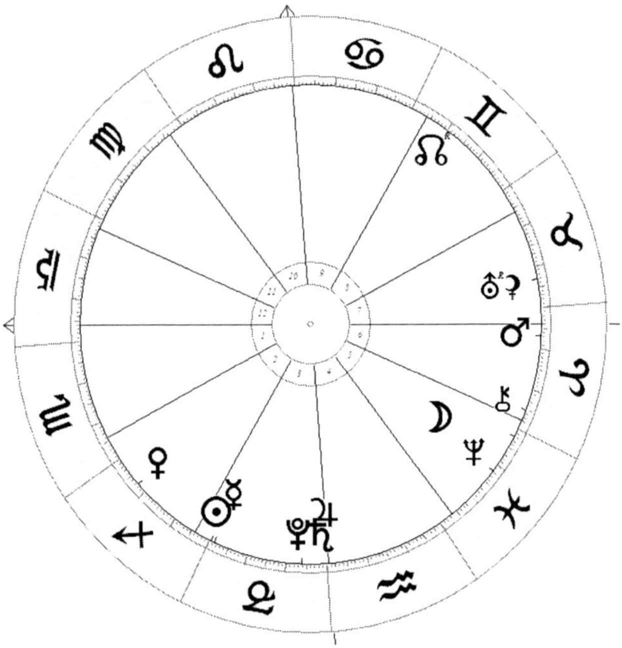

Abb. 9: Conjunctio Aurea 2020 – 21. Dezember 2020, 18.22 UT Peking; China

(Sonne und Merkur im 3. Haus), sondern auch auf emotionale, gemüthafte Wesensbildung (Fischemond im 5. Haus, Herr von 5 (alt) gehört mit zur *Conjunctio Aurea,* Herr von 5 (neu) steht seinerseits in Haus 5).

Auffällig ist noch der Widder-Mars an der Spitze des 7. Hauses: Die Außenbeziehungen können unruhig und eigentümlich sein, werden eventuell offensiv gestaltet. Der Mars steht jedoch auch für die Tendenzen, die ein Land zusammenhalten oder spalten können. Den Spaltungstendenzen wirkt ein Staat üblicherweise entgegen, und zwar durch deutliche Militärpräsenz. Der stark bzw. dominant stehende Mars übt oft die Kontrolle über Polizei und Militär aus und kann im Grenzfall eine Militärregierung begünstigen.

So weit ein Blick auf das Horoskop der Conjunctio Aurea von 2020 für China … und ähnlich für Borneo, Indonesien und Westaustralien. Ganz anders die Situation in Südamerika.

Betrachten wir zunächst das Bild für Venezuela selbst. Das Bild zeigt den Neustart des Jupiter/Saturn-Zyklus eleviert an höchster Stelle im Horoskop, zugleich in Konjunktion mit dem Medium Coeli. Die herrschende Klasse, symbolisiert durch das 10. Haus, will idealerweise (MC) als integer betrachtet werden (Jupiter/Saturn) oder sie ist bzw. wird tatsächlich integer oder strebt dies zumindest an. Der Herr (neu) des 10. Hauses, Uranus, steht am Stier-Aszendenten. Das schmeckt nach Putsch und Revolution, sei es von unten her, vom Volk her, das den repressiven Arme-Leute-Sozialismus gründlich satt hat, sei es von oben her. Der Putsch von oben her ist allgemein nicht unwahrscheinlich (Uranus als Herr von 10 am AC).

Man kann vermuten, dass die »einschlägigen« südamerikanischen Länder, durch die die MC-Achse mit Jupiter und Saturn verläuft (Venezuela, Brasilien, Paraguay, Argentinien) umstürzlerische und chaotische Zeiten erleben. Im Süden Südamerikas gilt bei einem MC im 1. Grad Wassermann noch ein Widder-Aszendent, und zwar vielfach in Konjunktion mit dem Widder-Mars des Horoskops. Das klingt nach den Stiefeltritten marschierender Truppen. Die Alternative im nördlicheren Südamerika mit Stier-AC ist nicht sonderlich attraktiver: Der Herr des AC, Venus, steht für das auf Maturín gestellte Horoskop genau auf der Spitze des 8. Hauses. Herr von 1 in 8 ist öfters eine auf Krankheit oder gar das »Lebensende« hinweisende Konstellierung. Die Venus in Mundan- bzw. Staatshoroskopen sagt meist etwas über die jeweiligen Finanzen aus. Um diese dürfte es schlecht bestellt sein. Hinzu kommt Uranus im 1. Haus bzw. am Aszendenten. Diese Länder erleben womöglich eine einschneidende Währungsreform, erleben die pekuniäre Vernichtung ihres Mittelstands. Die Leitidee, die sich mit dem Neustart des Jupiter/Saturn-Zyklus geltend macht, könnte in verschiedenen Weltgegenden wirtschaftliche Konsequenzen zeitigen. Asien (China) ist dabei eher der Nutznießer, Südamerika (Venezuela, Brasilien, Argentinien) sind dabei eher die Verlierer.

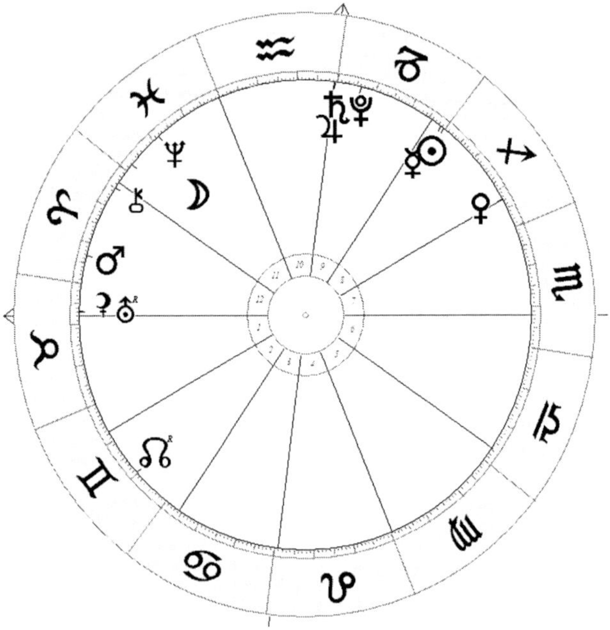

Abb. 10: Conjunctio Aurea 2020 – 21. Dezember 2020, 18.22 UT, Maturín, Venezuela

Alles in allem: Eine neue Art des Handels, eine neue Art von nationaler und internationaler Wirtschaft könnte zu einem Paradigmenwechsel führen. Dieser Wechsel scheint seine Gewinner und Verlierer zu haben. Wir sollten nicht vergessen, dass der am 12. Januar 2020 neu gestartete Saturn/Pluto-Zyklus als bedeutender Wirtschaftszyklus gilt. Fast zeitgleich, innerhalb eines knappen Jahres beginnen zwei weitere Zyklen: zunächst Jupiter/Pluto, sodann Jupiter/Saturn. Das ist ein recht kräftiger Anschub an innovativem Potenzial. Im Jahr 2020 geht manches zu Ende – »mit mancherlei Beschwerden«[44]; aber noch mehr will zukunftsorientiert und

[44] Zit. n. dem frommen Erweckungslied: »Wir sind nur Gast auf Erden/Und wandern ohne Ruh/Mit mancherlei Beschwerden/Der ew'gen Heimat zu.«

wandlungsbereit (Pluto), lebensschöpferisch und lebenssichernd (Jupiter, Saturn) beginnen. Das Thema eines neuen (humanen? nachhaltigen? lebensschützenden? usw.) Wirtschaftens könnte anstehen. Das könnte zur wassermännischen Leitidee werden. Das wird auch nicht geschmälert durch repressive Entwicklungen – sei es in Asien, sei es in Südamerika.

Nordamerika ist bezeichnenderweise fast gänzlich unberührt von einer Dreifach-Konjunktion MC/Jupiter/Saturn. Für Orte nördlich der venezolanischen Küste verläuft diese Konjunktionslinie durch die östliche Karibik und streift die Hauptstadt von St. Kitts und Nevis, Basseterre. Erst in Kanada trifft die Konjunktionslinie wieder auf Land, nämlich bei Halifax, Nova Scotia. Sie läuft dann weiter durch die menschenleere Halbinsel Labrador.

Wir haben bis hierher den neu beginnenden Jupiter/Saturn-Zyklus für diejenigen Weltgegenden zu deuten versucht, in denen die Jupiter/Saturn-Konjunktion selbst vor allem auf die Entwicklungsachse IC/MC Einfluss nimmt. Wie sieht es auf der Begegnungsachse Aszendent bzw. Deszendent aus? Zunächst, eine Dreifach-Konjunktion von AC/Jupiter/Saturn läuft hauptsächlich durch den pazifischen Ozean und trifft im Fernen Westen Kanadas in British Columbia auf Land. Für den Ort Prince George in British Columbia gilt ein AC bei 1.43 Wassermann. Kanada zeigt damit im Osten und im Westen seines Landes eine Dominanz-Stellung der Jupiter/Saturn-Konjunktion. Gut denkbar ist, dass Kanada der Schauplatz besonderer Entwicklungen in diesem Zyklus wird.

Das 7. Haus herrscht in der Mundanastrologie über die Beziehungen eines Landes oder einer Institution zu anderen Ländern, anderen Gesellschaften. In der Welt der Firmen und Verbände sind es oft Dachverbände oder »Kammern«, die die Außenbeziehungen eines Einzelverbands oder einer Institution mit gestalten helfen. Das 7. Haus verweist auf internationale Verträge, auf Bündnisse, auf Koalitionen. Und es meint zugleich auch das Ambiente der Diplomatie – eine etwas unwirkliche und oft gezierte Welt. Das 7. Haus deutet freilich auch auf die vermeintlichen und tatsächlichen Feinde hin. Und es ist das Haus der nationalen Projektionen.

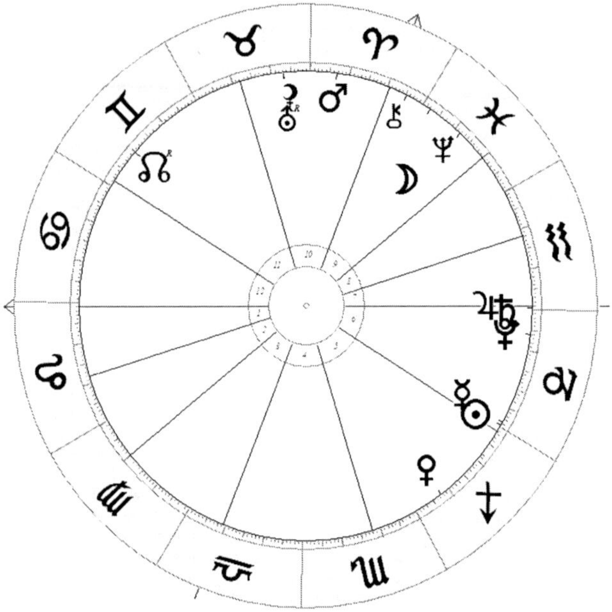

Abb. 11:
Conjunctio Aurea 2020 – 21. Dezember 2020, 18.22 UT, Paris, F

Das Horoskop der *Conjunctio Aurea* besetzt für Frankreich ganz markant das 7. Haus mit der Konjunktion selbst. Zunächst darf erwartet werden, dass Frankreich wahrscheinlich in herausragender Weise während des kommenden Zyklus von Jupiter und Saturn diplomatisch aktiv wird. Das kann wegleitend für die Außenpolitik Europas werden. Die Konstellation mit der *Conjunctio Aurea* am Deszendenten läuft zudem durch ganz Afrika, und zwar von Nordwesten her bis Südosten. Teilweise durchläuft die entsprechende Achse ehemalige französische Kolonien. Hierauf könnte sich eine besondere diplomatische Entwicklung in Frankreich und in Afrika beziehen.

4.6. Aufbruch zur Freiheit

Der Jupiter/Saturn-Zyklus neu auf dem allerersten Wassermann-Grad beginnend: Es ist, als dürften wir die Lasten des Erdelements, die vielfältigen Schutz- und Sicherheitsvorkehrungen hinter uns lassen, als dürften wir die Kleinlichkeit und Ängstlichkeit unserer Seelen endlich drangeben – in der vielleicht überraschenden Erfahrung, dass wir auch ohne Securities und Bodyguards, ohne ausreichende Sparguthaben und ohne pekuniäre Schutzimpfungen, ohne aufwendige Zusatz-Versicherungen leben und lebendig bleiben. *Freunde, die Luft ist atembar und die Druckverhältnisse sind lebensfreundlich: Steigt aus Euren unbequemen Raumanzügen und lasst Licht und Luft ihr gutes Werk an Euch tun!*

»Im Anfang war das Wort, und das Wort war bei Gott, und Gott war das Wort« (Joh. 1, 1). So beginnt das Johannesevangelium. »Das Wort« ist im griechischen Urtext der *Logos*, aber *Logos* meint und bedeutet so viel mehr als nur das Wort. *Logos* ist zumal das gesprochene Wort. Der *Logos* ist zugleich ein ganzer Zusammenhang, eine Geschichte, eine Lehre. Im weiteren Sinn ist *Logos* dann überhaupt Vernunft, auch Rechenschaft und schließlich Rücksicht und Wertschätzung. Das lateinische *loqui*, »reden«, »sprechen«, ist mit dem griechischen *Logos* verwandt. Damit das Wort gesprochen werden kann, bedarf es der Luft. Und zugleich ist die Luft das Medium, in dem das Wort hörbar wird. Im Vakuum ist keine Schallübertragung möglich. Das »Wort« selbst geht auf eine indoeuropäische Wurzel zurück, welche »feierlich reden« bedeutet. Das »Wort« ist also von vornherein etwas Besonderes.

Das Sprechen unter die Herrschaft von Saturn zu stellen, mag manchem Astrologen ein Kopfschütteln entlocken. Das Wort aber als Lehre, als Disziplin rückt durchaus in die Nähe von Saturn, der sich, wie wir schon festgestellt haben, in Luftzeichen recht wohl fühlt. Der Aufbruch in die Zukunft, in die Freiheit, der in der Wassermann-Konstellation von Jupiter und Saturn beschlossen liegt, kann nur geschehen, wenn wir einer Disziplin folgen, einer grundsätzlichen geistigen Ausrichtung. Insofern ist »im Anfang das Wort«, ist Saturn anfangs als erster Faktor im Zeichen Wassermann, und Jupiter schließt dann zu Saturn auf.

»Im Anfang war das Wort.« Aber das allein würde nicht genügen. »Das Wort ist Fleisch geworden«, wird wenige Zeilen später betont (Joh. 1, 14). Jupiter verbindet sich mit Saturn. Der Logos, die Lehre, die Disziplin wird nun Fleisch, wird Fülle, wird Segen. Saturn ist die Idee, die Lehre, das Wort. Jupiter ruft die Lehre ins pulsierende Leben.

Am Ende eines rund 40 Jahre langen schöpferischen Prozesses, in dessen Verlauf immer wieder der Schöpfungspunkt 0° Steinbock direkt und indirekt angerührt und angeregt wurde, könnte sich jetzt die Idee, die Lehre, könnte sich der große Leitgedanke als fundamentale Erkenntnis auskristallisieren, welche in die Freiheit führt (Wassermann als das uranische Zeichen). Wir lassen erstmals symbolisch Steinbock hinter uns. Der Keim, der auf 0° Steinbock und zu den zweierzyklischen Neustarts in Steinbock gelegt wurde, soll nun in die Freiheit und in Freiheit wachsen. In der Freiheit liegt alles Notwendige, liegt alle Verantwortung beschlossen. Schöpfertum ohne Freiheit bleibt steril, Freiheit ohne Schöpfertum bleibt leer. Wir freilich sind zu Fülle, Leben und Erkenntnis geboren. Vor und hinter allen Beschränkungen, die uns nach wie vor anhaften mögen: Der bevorstehende Neustart des Jupiter/Saturn-Zyklus im ersten Grad Wassermann heißt uns unser Geburtsrecht auf Fülle und Leben und Erkenntnis wahrzunehmen. Wagen wir es!

5. Großes Glück, großes Unglück und das Leben selbst

5.1. Materialien zur Deutung von Jupiter und Saturn

Die Kombination von Jupiter und Saturn, den beiden Großen Prinzipien, die das antike geozentrische System gegenüber der FixsternsSphäre abgrenzen, ist nicht gerade eindeutig. Reinhold Ebertin übersetzt die Kombination mit »Geduld (durch Ausdauer zum Erfolg)«[45]. Thomas Ring deutet kontrastbetont mit »Ausdehnung und Zusammenziehung« und bringt die kontrastierenden Motive Hoffnung und Schicksal zueinander ins Verhältnis.[46] Banzhaf und Haebler umschreiben mit »der Wert des Bewährten«[47], die Hamburger Schule umschreibt vielgestaltig mit »Reifen und Altern. Unbeständiger Erfolg. Glückliche Trennung. Vom Glück getrennt. Wohnungswechsel«.[48]

Die Kombination verheißt Erfolg, vor allem, wenn man das bereits Bewährte hochhält. Ohne Geduld freilich geht wenig. Soll das bei der Kombination dieser angeblich so bedeutenden Prinzipien der ganze Ertrag sein? Besonders prickelnd ist das nicht. Außer »Reifen und Altern« bleibt kaum etwas. Und der Wohnungswechsel, natürlich ins betreute Wohnen, ist schon beschlossene Sache.

Auf die eine oder andere Weise ist jedermann von der Jupiter/Saturn-Konjunktion, von dem Neustart des Zyklus auf 0.29 Grad Wassermann betroffen. Die Konjunktion wird zum Transit im eigenen Horoskop, sei es per Transit-Aspekt, sei es in der

---

[45] Ebertin 2002, S. 159.

[46] Ring 2003, S. 346.

[47] Banzhaf/Haebler 1997, S. 266.

[48] Regelwerk für Planetenbilder. 5. verb Aufl. Hamburg 1959, S. 270.

Positionierung im Radixhaus. Die Konstellation im allerersten Grad Wassermann lässt nach dem Zukunftsgehalt dieser Kombination fragen. Der Zyklus ist ohne Zweifel bedeutsam und bedeutend. Aber die angebotenen Deutungen der beiden kombinierten Prinzipien sind nicht besonders aufregend. War das schon alles? – Diese Frage, die immer mal wieder gern an das ganze Leben gestellt wird, lässt sich mit gutem Recht auch an die gegenwärtigen Deutungen von Jupiter/Saturn richten. Ist das schon alles? Reifen und Altern, sonst nichts? – Hat diese Konstellation sonst nichts zu besagen? Birgt diese Konstellation sonst keine Zukunft?

Nachfolgend will ich diesseits aller mundanen Zyklusdeutungen versuchen, die Deutung dieser beiden großen Planeten zu vertiefen und so dem Leser das Material an die Hand zu geben, damit er seinem eigenen aktuellen und zukunftsorientierten Bezug zu Jupiter und Saturn und zum Neustart ihres Zweierzyklus im Zeichen Wassermann nachgehen kann. Die beiden Planeten stehen zugleich in Widerspruch und in Ergänzung zueinander. Diese Perspektive ist das Leitmotiv der nachfolgenden Deutungsversuche.

5.2. Der Hüter der Schwelle: Saturn

Das gängige Sphärenmodell im geozentrischen Weltbild des Altertums und des Mittelalters sah die Erde als im Mittelpunkt des Universums stehend, umgeben von acht Sphären. Sieben Sphären waren den damals bekannten Planeten zugeordnet, zu denen auch Mond (1. Sphäre) und Sonne (4. Sphäre) gehörten. Jupiter entsprach der 6., Saturn der 7. Sphäre. Jenseits der siebten Sphäre gab es die Fixsterne, die Platon und viele andere Gelehrte des Altertums einer 8. Sphäre zuordneten.

Zumal im Mittelalter gab es manchen Versuch, den Himmel als Wohnstätte Gottes und der Seligen und Auserwählten in solch ein kosmologisches Modell einzufügen. Es kam zu Modellen mit mehr als acht Sphären. Die Alten ahnten, dass die Kluft zwischen der Erde und den sieben ersten Sphären einerseits und der achten, der

Fixsternsphäre andererseits, größer sei als Klüfte und Distanzen der ersten sieben Sphären untereinander. Auf den ersten sieben Sphären waren Planeten in Bewegung, auf der achten Sphäre gab es, ganz anders, die (scheinbar) unbewegten Fixsterne, gab es das *Firmament,* die »Himmelsfeste«.

Saturn war gewissermaßen der Außenposten der Wandelsterne im damals beobachtbaren Universum. Mit Saturn war eine Schwelle erreicht, die Schwelle zwischen Wandelsternen einerseits und Fixsternen andererseits. Diese Schwelle hatte nicht nur charakterologische und schicksalsbezogene Bedeutung, sondern auch eine spirituelle. Die Schwelle zwischen den Wandelsternen und den Fixsternen bedeutet zugleich die Schwelle zwischen Leben und Tod, die Schwelle zwischen Zeit und Ewigkeit. Und der Schöpfungspunkt in 0° Steinbock entspricht der Schwellenfunktion von Saturn.

Eine Schwelle ist ein paradoxer Ort. Einerseits ist die Schwelle eine Hürde. Hier heißt es innezuhalten und sich einer Prüfung zu unterziehen. Wird die Prüfung bestanden, ist andererseits die Schwelle auch die Garantie dafür, dass der Übertritt, das Fortschreiten in einer bestimmten sinnvollen und verlässlichen Ordnung geschieht. All das – Hürde, Prüfung, Ordnung und Verlässlichkeit – ist Saturn *at its best.* Saturn ist eine Art von offiziellem Grenzübergang. Grüne Grenzen (Mond[49]) gibt es genug. Die saturnische Prüfung stellt sicher, dass sich der Reisende, der Pilger nicht unbedarft und leichtfertig auf das unbekannte Terrain spiritueller und geistlicher Erfahrungen und Herausforderungen begibt. *Sie verlassen den materiellen Sektor und treten in den geistigen Sektor ein!* könnte die Warnung lauten. Im geistigen Sektor herrschen andere Regeln, sind besondere Kenntnisse und Techniken nötig, und man muss vorsorglich (auch das wird geprüft) bestimmte Werkzeuge mit sich führen.

---

[49] Saturn herrscht im Zeichen Steinbock, Mond im Gegenzeichen Krebs. Zur Schöpfungsachse auf 0° Steinbock / 0° Krebs gehört sowohl das vegetative, lebendige Wachsen (Mond – 0° Krebs) als auch das bewusste Bewahren und Bewähren von Leben (Saturn – 0° Steinbock).

Die Schwelle ist, wie gesagt, ein paradoxer Ort; er gehört zu beiden Welten, zu beiden »Sektoren«. Das gilt auch für Saturn. Er steht für die Dauer, die Zeit, hütet aber die Schwelle zur Ewigkeit. Er steht für *Aus*-Dauer, für die Zähigkeit des Lebens, aber er symbolisiert auch das Lebensende, den Tod.

5.3. Jupiter und Saturn

Und nun kommt Jupiter ins Spiel. Er vermittelt Glaube und Sinn, und zwar ungehemmt, voller Reichtum und Erfüllung. Jupiter strebt nach hohen Idealen. Größe kennt keine Grenzen, keine Schwellen, keine Hürden. Jupiter kennt nur Wachstum. Darin ist Jupiter ganz eindeutig. Jupiter ist ganz einfach die Fülle des Lebens, der Sinn des Lebens, der im Leben selbst beschlossen liegt und der das Leben selbst ist. Es gibt kein *Nicht*-Leben. Jupiter ist die Ganzheit als solche.

Paradox? Hüter irgendwelcher Schwellen, hinter denen ein völlig veränderter seelischer Aggregatzustand anhebt? Nein, doch nicht Jupiter! Die beiden Planeten könnten unterschiedlicher nicht sein:

Jupiter	**Saturn**
der Idealist	der Erfahrene
der große Naive	der Gereifte
der zelebrierende Priester	der stumme Beter
die große Welle	der stille See
die moralische Empörung	der streng Nachsichtige
das leuchtende Beispiel	das Licht der Finsternis
die Kanzel	die Stufe
die Fülle des Lebens	das Muster des Lebens
das Fleisch	die Knochen

Tabelle 5: Jupiter – Saturn

5.4. Fülle und Beschränkung

Das Wort »Fülle« ist, wenn man so sagen darf, mit einer Unzahl anderer Wörter sprachgeschichtlich verwandt: *viel* und *voll,* das kann man sich noch denken. Aber auch *fließen* und *fliegen* sind noch Vettern zweiten Grades in der unübersichtlich großen Verwandtschaft. Und wer hätte das gedacht: *flitzen* und *Flocke* gehören ebenfalls aufs Familienfoto. Wir denken bei *Fülle* und bei *voll* an einen etwas trägen Seinszustand. Vor lauter *Fülle* – und damit auch Schwere – ist die Dynamik eher zurückgenommen. Andererseits, *fließen* und *fliegen* und *flitzen* steigern Nachdruck und Tempo entscheidend.

Jupiter zeigt hier einen Hauch von Doppelbödigkeit, eine Ambivalenz, deren eine Seite, die *Fülle,* auf jede Dynamik verzichten kann. Jupiter ist bereits *vollendet* und hat seine *Erfüllung* erreicht. Die andere Seite Jupiters hingegen betont Dynamik, Art der Fortbewegung und Geschwindigkeit der Fortbewegung. *Vielleicht* (auch dieses Wort gehört zur Familie) darf man es so verstehen: Jupiter *fließt* und lässt es *fließen,* und zwar in strömender Großzügigkeit, bis ein Aggregatzustand der *Fülle* und *Erfüllung* erreicht ist. Wer wie Jupiter das ganze Universum meint, bedarf des schnellen *Flusses* und des noch schnelleren *Fluges,* um seine Anliegen und Aufgaben in aller *Vielfalt* zu *erfüllen.*

Leben ist zunächst immer Wachstum, und Wachstum geht stets einher mit überbordender *Fülle* und, ja, Verschwendung. Jupiter lässt kein Thema aus. Allen Themen, allen Idealen tut wachsende *Vielfalt,* tun Weitblick und *Höhenflug* ja nur gut! Darin besteht Jupiters Reichtumsbewusstsein, darin besteht Jupiters Wohlbeschaffenheit: Alles, was ich denke und tue, setzt das Motiv des Reichtums, das Motiv des sich erfüllenden Lebens und des Lebens im Gesetz der Fülle voraus; etwas anderes gibt es gar nicht. Leben ist Vertrauen, und Vertrauen führt zu Fülle und Reichtum.

Jupiter ist auf seine Weise grenzenlos. Aus dem Wachstum kann Wildwuchs werden, aus dem Fluss ein Überfließen, aus der Vielfalt Unübersichtlichkeit und am Ende aus der Fülle Maßlosigkeit. Mit der Maßlosigkeit ist es wie im Märchen vom Fischer und seiner

Frau. Die Frau wünscht sich weg aus der miefigen Fischerhütte, aber nie zufrieden mit dem, was sie dann erhält, schickt sie ihren Mann immer wieder ans Meer, damit er beim Butt eine neue, noch großartigere, aufgeblasenere Existenz erbitte: König, Kaiser, Papst. Schließlich will des Fischers Frau Gott selbst sein … und endet in dieser ihrer Maßlosigkeit wieder in der stinkenden Fischerhütte.

Maßlosigkeit ist die Falle, in der sich Jupiter verfangen kann. Jupiter kennt keine Grenzen, aber um der Falle der Maßlosigkeit zu entgehen, muss Jupiter sich notgedrungen auf Begrenzungen einlassen. Das Paradox besteht darin, dass Jupiter der Maßlosigkeit nicht schon dann entkommt, wenn er immer hübsch selbst kontrolliert, wie weit er noch gehen darf mit Wuchern und Wachsen. Ein Jupiter, der sich selbst kontrolliert, ist kein Jupiter. Wie kann Jupiter groß und großartig, ideal und idealistisch sein, wenn er sich selber Zügel anlegt?

Jupiter entkommt jedoch seiner Maßlosigkeit, wenn er diese in die Verantwortung von Saturn legt. Ein Jupiter, der sich selbst kontrolliert, übersieht die eine Hälfte der notwendigen kontrollierenden Arbeit und mogelt sich bei der anderen Hälfte irgendwie durch. Saturn hingegen übersieht nichts und mogelt sich nicht durch. Jupiter ist der Meister des Wachstums. Saturn ist der Meister der Begrenzung. Jupiter lässt sich nicht zurückhalten, als Herr des wässrigen Zeichens Fische und erhöht im wässrigen Zeichen Krebs fließt er buchstäblich, er fließt aus, über und davon. Als Herr im feurigen Zeichen Schütze lässt er sich ebenso wenig zurückhalten, hier fliegt er geradezu fort und lodert aufwärts bis in den Himmel. Saturn nun kann am Wildwuchs von Jupiter die Meisterkraft der Beschränkung wirken lassen.

Auch das Wort »Beschränkung« hat an einer weitverzweigten Wortverwandtschaft im Deutschen und in anderen indoeuropäischen Sprachen teil. Unmittelbar leuchtet wohl die Verwandtschaft mit *Schranke,* aber auch mit dem *Schrank* ein. Diese beiden Begriffe wiederum sind verwandt mit unserem Adjektiv *schräg.* Es bedeutet eigentlich *gekrümmt, verdreht.* Mit zu dem Wortwurzelboden, aus dem sich unser *schräg* ableitet, gehören auch *Rücken* und das lateinische *curvus* in der Bedeutung »krumm«. Das alles klingt wahrlich nach *Beschränkung,* nach wenig Platz und nach mittelschweren Haltungsschäden.

Aus demselben Wurzelwerk stammt freilich auch das lateinische *circus* (der Kreis), ebenso der *Ring* und schließlich, wohl wegen ihrer Rundform, die *Harfe.* Das ist eine erstaunliche Kette von Symbolen. Saturn beschränkt weise das ständige lodernde Emporstreben Jupiters. Was dabei zunächst als zwanghafte Krümmung und Verdrehung offenbar wird, entwickelt sich zum Kreis, zum *Ring* weiter. Erst mit Saturn schließt sich eine Entwicklung zum Kreis, erst mit Saturn kommt es zu einer Ganzheit, die ohne die vorausgegangenen Entwicklungen nicht gedacht werden kann, die aber zugleich den faszinierenden Wildwuchs von Jupiter und die von Saturn ausgehende Beschränkung zu einer kreisläufigen Bewegung integriert. Der Kreis ist ein spirituelles Symbol – für Einheit und Ganzheit, für Gott und das »Ich bin«. Nach innen gibt der Kreis Geborgenheit und sichere Heimat – und grenzt zugleich nach außen hin ab.[50] Mit dem Kreis als Symbol zentrieren wir uns und finden die »Kraft der Mitte« in uns.

Noch einmal: Saturn beschränkt weise das lodernde Emporstreben Jupiters. Nicht um dieses Emporstreben abzuwürgen und zu verneinen. Sondern um es betrachtbar, erkennbar, verstehbar und bewältigbar zu machen. So erst ist Transzendenz möglich. Bei aller Unendlichkeit hier und aller Beschränkung dort: Nicht Jupiter ist der, welcher die Schwelle hütet und freigibt, sondern Saturn! Jupiters Fülle ist und bleibt unendlich.[51] In der Symbolik des

---

50 Was nennen wir nicht alles »Kreis«, und es handelt sich noch nicht einmal um Ellipsen – Arbeitskreise, Lesekreise, die Kreise, in denen wir verkehren usw. Hinzu gesellt sich seit einigen Jahrzehnten eine ganze psychosoziale Möbelindustrie der »runden Tische«.

51 Unendlichkeit ist zunächst eine quantitative Angelegenheit – die Unendlichkeit der natürlichen Zahlen und das legendäre Hotel mit den unendlich vielen Zimmern, das komplett belegt ist und trotzdem noch jede Menge Gäste aufnehmen kann; außerdem das ewige Leben im Sinn unbegrenzter Dauer bzw. im Sinn von

Kreislaufs wird die Fülle Jupiters begreiflich und damit erst fruchtbar.

5.5. Glück und Unglück, das ganze pralle Leben

Der Jupiter gilt als das »große Glück«, Saturn als das »große Unglück«. Das »große Glück« entspricht in seiner Naivität dieser vegetativhaften Sicht auf Jupiters fortwährende Schaffung von Fülle und Erfüllung. Das »große Unglück« – das ist der ebenso naive Blick auf Saturns beschränkende Funktion. Jupiter ist Wellness, Saturn der harte Stuhl. Jupiter ist das edle Fünf-Gänge-Menu, Saturn ist die Hundescheiße, in die uns noch an der Pommesbude die Currywurst plumpst.

Mit Quantifizierungen wie *groß* oder *klein* sollten wir generell vorsichtig umgehen. Und was ist überhaupt Glück? Das etymologische Wörterbuch vermerkt zuallererst, dass die Herkunft des Wortes *Glück* »dunkel« sei. Das mittelhochdeutsche *gelücke* ist gleichbedeutend mit Schicksal, Geschick und bedeutet erst in zweiter Linie den guten *glücklichen* Ausgang.

Der Blick ins Lateinische, nämlich zu *fortuna* als Übersetzung von Glück führt in dieselbe semantische Gegend: *fors* ist das blinde Schicksal, der Zufall. Verwandt ist das universal anwendbare Verb

---

Unsterblichkeit. Interessanter wird es, wenn wir Unendlichkeit als qualitative Angelegenheit auffassen: zum Beispiel in dem Sinn, dass jede Regung und jeder Ausdruck des Lebendigen ein noch nie vorkommendes Phänomen in Vergangenheit, Gegenwart und Zukunft darstellt. Man steigt nicht zweimal in denselben Fluss; keine Partie Schach ist völlig identisch mit irgendeiner anderen Partie Schach; auch eineiige Zwillinge sind niemals völlig identisch. – Nach der scholastischen Theologie ist Gott »unendlich«. Es gibt keinen Ort Seiner Schöpfung, zu dem er nicht gelangen könnte. Dazu der jüdische Witz: *Gott ist allmächtig – er kann einen Felsbrocken schaffen, der so schwer ist, dass Er selbst ihn nicht mehr heben kann.* – Was ist »Unendlichkeit«, wenn wir die Falle der All-Aussagen und der Existenz-Aussagen vermeiden? Zum Einstieg empfehlenswert: Antonio Lamúa: Das Buch der Unendlichkeit. Wissenschaft, Philosophie, Kunst. Kerkdriel/NL 2012.

ferre, »tragen«, »bringen«. Dazu gibt es dann das Adjektiv *fortis,* »stark«, und *fertilis,* »fruchtbar«, »ertragreich«.

Glück oder Unglück – zunächst einmal handelt es sich um (blindes) Schicksal, bei dem Glück oder Unglück schwer voneinander zu unterscheiden sind. Allerdings, Schicksal ist etwas, das recht stark, recht kräftig wirkt (*fortis*) und das in dieser Hinsicht »etwas bringt« (*ferre*). Schicksal ist stark, weil es über den eher indifferenten Einerlei-Alltag hinausreicht. Der Mensch sollte, bevor er die Welt in Glück und Unglück, in Wohltäter und Übeltäter einteilt, zunächst seine Erfahrungen mit dem Schicksal als solchem machen.

Und nun, nachdem wir die Unschärferelation zwischen Glück und Unglück zur Kenntnis genommen haben: Was denn nun eigentlich ist *Schicksal*? Das Wort hat natürlich zu tun mit *schicken* und, wen wundert's, mit *geschehen.* Das, was geschieht, ist Schicksal. Solange nichts geschieht, ist Schicksal allenfalls als Schatten zugegen. Gewiss, nach einem alten Spruch ist Charakter Schicksal, ganz einfach, weil bestimmte Charakterzüge bestimmte Manifestationen, bestimmte Ereignisse und Muster von Ereignissen begünstigen. Dann geschieht etwas, das sich als Schicksal erweist. Wir ahnen ja, dass Glück und Unglück sehr enge Nachbarn sind. Es sind die beiden Regisseure in uns und um uns, die gemeinsam unser Leben verfilmen. *Herrrreinspaziert, meine Herrschaften! Das pralle Leben! Das, meine Herrschaften, ist Dramatik und Action!* Welche Wohltaten attestiert die Astrologie dem Jupiter und welche Übeltaten dem Saturn?

> Nach der alten Vorstellung ist Jupiter die Kraft, die durch Vertrauen in sich und in die anderen sowie durch Rechenschaft und Gemeinschaftssinn zu wohlverdientem Ruhm, Erfolg und Wohlstand führt. Aber er bewegt sich immer im Rahmen des Gesetzes, des Glaubens und der Sitten, er ist keineswegs ein Rebell oder Abenteurer. … Gerade durch die Besinnung auf den Glauben und den Gemeinschaftssinn kann Jupiter die negativen Kräfte des Saturn umwandeln, aber er kann und wird nicht das höhere Gesetz der Notwendigkeit brechen, das Saturn verkörpert.[52]

---

[52] Rafael Gil Brand: Lehrbuch der klassischen Astrologie. Mössingen 2000, S. 157.

So fasst es die traditionell-klassische Astrologie zusammen. Das klingt überhaupt nicht nach Schicksal oder Glück (oder sonst welchem Action-Kino), das dem Jupitermenschen »geschieht«, »widerfährt«. Es klingt nach einer inneren Haltung, Vertrauen und Legalität bzw. Loyalität. Diese Haltung des Vertrauens und der Loyalität führt zum »großen Glück« – Ruhm, Wohlstand, Erfolg. Als warmer und feuchter Planet macht Jupiter

> die Geborenen von Natur aus freundlich, vergnügt und großzügig. ... In gewisser Weise ist Jupiter diesseitiger, er trachtet nach Gerechtigkeit und Schönheit in dieser Welt, ohne seinen Glauben aufzugeben.[53]

Jupiter steht insgesamt für

> die Gemütsbewegung im Sinne der Zuneigung, Gerechtigkeit, Frieden, Treue, Bescheidenheit, guten Ruf, ein nobles Herz, einen freien Geist, der die Wahrheit sagt, und Verlässlichkeit in der Einhaltung von Verträgen. Gewöhnlich wird er sich jeder Tat entgegensetzen, die nicht mit Gesetz und Gerechtigkeit konform geht; er wird gerne viel reden und das Lob seiner Gefährten suchen; jeder seiner Gedanken wird gerichtet sein auf den Versuch, in einem Unternehmen erfolgreich zu sein und Wohlstand zu erlangen, vorausgesetzt, es geschieht auf legitimem Weg. Oft interessiert er sich für Rechtswissenschaften, für die Deutung von Träumen oder den Dienst in Synagogen, Moscheen usw. Gewöhnlich prognostiziert dieser Planet gerechte Rede und Rechtschaffenheit, Glück, Ehre und Ruhm.[54]

Dieses überaus positive Bild von Jupiter teilt auch Alí Ben Ragel. Bei näherem Hinschauen wirkt das »große Glück« allerdings auch absonderlich. Im Widder stehend isst Jupiter gern, liebt Ausschweifungen, putzt sich heraus. Im ersten Dekanat Stier entspricht der Jupiter gänzlich dem Idealbild, ist aber im zweiten und dritten Stier-Dekanat bucklig, mit geschädigten Gliedern, niederträchtig und arm. Der Jupiter im zweiten Dekanat der Zwillinge ist ein Womanizer und Schwerenöter, im dritten Dekanat ist er unverschämt und

---

53 Gil Brand 2000, S. 157.

54 Gil Brand 2000, S. 158.

dreist und kennt alle üblen Tricks. Jupiter im ersten Krebs-Dekanat ist der streitsüchtige Prahlhans. Im Löwen zeigt sich Jupiter als Jäger, der mit der Armbrust umzugehen weiß. Im ersten Dekanat Jungfrau entspricht Jupiter wieder seinem Idealbild und ist darüber hinaus noch wissenschaftlich und philosophisch tätig. Jupiter im zweiten Dekanat Jungfrau jedoch ist übelwollend und zerstörerisch. Das erste Dekanat Waage beschreibt Jupiter als Falkner. In allen drei Schütze-Dekanaten stellt Jupiter den edlen Kämpfer dar, im Steinbock ist Jupiter generell schwach und erfolglos, im Wassermann tritt Jupiter etwas stutzerhaft auf. In den ersten beiden Dekanaten Fische zeigt Jupiter sich wieder von seiner idealen Seite, im letzten Dekanat jedoch muss er gewärtigen, durch Mörderhand zu sterben und den wilden Tieren zum Fraß vorgeworfen zu werden.[55]

Das ist dann doch eine bunte Palette von Schicksal, das noch nicht einmal an irgendein Glück erinnert, geschweige denn an ein »großes Glück«. Die Zeichen, in denen Jupiter im Fall (Steinbock), oder im Exil (Zwillinge, Jungfrau) steht, halten offenbar auch heftige Erfahrungen bereit – aber die diesbezügliche Zuordnung erscheint brüchig und nicht konsistent. Eher ist es so, dass Jupiter in der Gefahr steht, allzu vielen Äußerlichkeiten und Sinnesreizen nachzugeben. Tut er das, läutet er sein Verderben ein. Jupiter liebt das Edle und Ideale. Er liebt aber auch die äußeren Attribute des Edlen und Idealen. Diese Attribute stehen ihm durchaus zu. Und dennoch sollte er es sich gut überlegen, ob er nach diesen äußeren Attributen streben soll. Im schlimmsten Fall strauchelt Jupiter oder er wird zum Mordopfer.

Saturn vereinigt in den Beschreibungen der klassischen Astrologie im Mittelalter zunächst alle Übel auf sich. Er sei der alte, müde Planet von Pein, von Trauer, der Planet der Krankheiten, melancholisch, neidisch, nachtragend, einsam, ein Lügner und Verräter.[56]

Allerdings zeigt Saturn tiefe Gedanken und ein feines

---

[55] Alí Ben Ragel: El Libro Conplido en los Iudizios de las Estrellas. Barcelona 1997 (zuerst 12. Jh. n. Chr., arabisch bzw. altspanisch), S. 45 f.

[56] So Alí Ben Ragel 1997, S. 42, hier nach der Übersetzung in Gil Brand 2000, S. 153.

Gedächtnis. Saturn denkt über alte Dinge nach. Saturn gehorcht keinem Planeten, lässt sich von keinem Planeten führen, lediglich von der Sonne. »Er ähnelt dem König der Könige, denn alle Planeten teilen ihm ihre Gedanken, ihre Naturen und ihre Kräfte mit.«[57] Das klingt, als sei die Hässlichkeit und Leidensfülle von Saturn nur Maske. Alí Ben Ragel hat bei dieser seiner Saturn-Beschreibung an den griechischen Mythos vom Titanen Kronos gedacht. So vermutet es Gil Brand.

> Der Urahne der olympischen Götter regierte im Goldenen Zeitalter und wurde nach dem Götterkrieg von Jupiter in den Tartaros gestürzt. Nach einer anderen, orphischen Version jedoch kommt er auf die Insel der Seligen … . Hinter diesem Leiden bringenden Planeten steckt also ein König, der sozusagen die Schlüssel zum Paradies in der Hand hält. Nach dem Untergang des Goldenen Zeitalters, nach der Vertreibung aus dem Paradies erlebt ihn der Mensch als strafende, Leiden, Krankheit und Tod bringende Macht. Der Saturnier, so könnte man deuten, ist derjenige, der sich ewig schuldig fühlt, der diese Schuld am peinlichsten spürt. Nur die Erlösung, die Restauration des Goldenen Zeitalters offenbart seine wahre Natur.[58]

Saturn fordert uns auf, unter der äußeren Hülle der Schäbigkeit und der eklatanten Unzulänglichkeit den lebendigen Menschen wahrzunehmen und zu erkennen. Auch der schmutzigste und verkommenste Mensch ist ein Kind Gottes. Man fühlt sich an das Motiv der Gottesebenbildlichkeit erinnert, welche dem Menschen eignet.[59] Das Grimm'sche Märchen DIE GÄNSEHIRTIN AM BRUNNEN greift das Motiv der schäbig-garstigen Haut auf. Nachts legt die Gänsehirtin die hässliche Haut ab und wird wieder zur Prinzessin, als die sie einst von ihren königlichen Eltern verstoßen wurde.[60] Weiter heißt es noch zu Saturn insgesamt:

---

57 Alí Ben Ragel 1997, S. 42, hier nach der Übersetzung in Gil Brand 2000, S. 153 zitiert und paraphrasiert.

58 Gil Brand 2000, S. 153 f.

59 »Gott schuf den Menschen zu seinem Bild« (Gen. 1,27).

60 Vgl. Grimms Märchen: https://de.wikipedia.org/wiki/Die_G%C3%A4nsehirtin_am_Brunnen – Zugriff am 30.01.2020.

Er verkürzt die Lebensspanne des Geborenen und verhindert dessen Reifung. Er ist wenig geduldig und vermag Unbilden nicht zu ertragen. Faul und furchtsam, wenn es um seine Handlungen geht und um seine Beweglichkeit, schwer von Begriff traut er sich nicht zu sprechen und hält in seinen Kümmernissen und Gedanken an manchen stichhaltigen Ängsten fest.[61]

Die Deutung des Saturn in den einzelnen Dekaden der Tierkreiszeichen lässt in der Tat vorwiegend an das »große Unglück« denken, das sich mit Saturn verbindet. Saturn im ersten Widder-Dekanat ist herausgeputzt, prahlt gern, wenn es um Kämpfe und ums Töten geht. Im zweiten Dekanat gießt er noch Öl ins Feuer der Zwietracht, zettelt Streit und Handgreiflichkeiten unter Menschen an und fördert Uneinigkeit und Abneigungen. Saturn im dritten Widder-Dekanat verübt Landschafts- und Naturfrevel aller Art. Der Saturn im ersten Stier-Dekanat gilt als Kinderschänder und führt sich im Übrigen weibisch auf. Die beiden weiteren Stier-Dekanate zeigen Saturn als den Alten, Schwachen; im gesamten Zeichen Zwillinge ist Saturn von schlechter Konstitution, traurig, leidend, sein Leben ist kurz, seine Finanzen sind schlecht aufgestellt. Saturn im Krebs heißt, dass das Gesicht des Geborenen außergewöhnlich hässlich ist. Saturn im ersten Dekanat von Löwe ist wagemutig und todesverachtend, im zweiten Dekanat achtet Saturn die Gesetze und beweint seine Verfehlungen. Doch im dritten Löwe-Dekanat zeigt er wieder sein übliches Gesicht: ärmlich, ängstlich, liederlich.

Saturn im ersten Jungfrau-Dekanat ist wieder der Leidende mit unproportionierten Gliedmaßen, mit vielen Beschwerlichkeiten, ohne Kraft, ohne Antriebe. Im zweiten Dekanat prahlt er mit Dingen und Erfolgen, zu denen er gar nicht in der Lage ist. Saturn im dritten Jungfrau-Dekanat bedeutet Armut, bedeutet Betteln um den Lebensunterhalt. Im ersten Waage-Dekanat sehen wir Saturn als Herrn eines Ritterguts, ein hochgestellter Mann von Adel. Im zweiten Dekanat Waage ist Saturn ein Kriegsherr, der intensiv mit Kriegsvorbereitungen befasst ist. Das letzte Waage-Dekanat zeigt

[61] Alí Ben Ragel 1997, S. 43 (eigene Übersetzung).

Saturn nicht nur als armen, heruntergekommenen Menschen. Dieser führt sich auch noch dreist und schamlos auf und beklagt sein eigenes Los. Saturn ist in allen drei Schütze-Dekanaten der müde Große, mit gekrümmtem Rückgrat, sichtlich arm und knausrig. Im ersten Steinbock-Dekanat sehen wir erneut den belasteten Saturn: Ihm ist schweres Leiden auferlegt, er rauft sich klagend deswegen die Haare. Im zweiten und dritten Dekanat erweist Saturn sich vorwiegend als Erbauer und Landschaftsgestalter, eine seiner positiven Seiten und Fertigkeiten. Saturn im Wassermann liebt Kämpfen und Töten, liebt wagemutiges, starkes Handeln in großen und gefährlichen Angelegenheiten. Im ersten Dekanat Fische ist Saturn noch der Kämpfer, der Übeltäter, der aus Groll und Drangsal handelt. Die beiden letzten Fische-Dekanate zeigen einen sehr sozialen Saturn, welcher die Blinden führt, der arm ist unter Armen und der den Lahmen und Kranken zur Seite steht.[62]

Bemerkenswert ist, dass in der alten Astrologie erst die wahrsagerischen Zuschreibungen zu den Jupiter- und Saturnkonstellationen auf der Ebene der Dekanate etwas von der Fülle des Lebens ahnen lassen, die sich zuversichtlich und schon fast prahlerisch in Jupiter und eher großartig-bitter in Saturn manifestiert. Das ist ein ganzer Bilderbogen von Typen und Visagen, die sich da um die Fülle und Meisterschaft des prallen Lebens bewerben. Nicht alle Typen sind edel und heroisch. Alle aber sind ehrlich, auf je eigene Weise. Allesamt sind sie nach dem Ebenbilde Gottes geschaffen. Und es ist keiner, der nun vor lauter Scham bloß auf Zehenspitzen inkarniert wäre. Pralles Leben ist ungeniert. Da können wir was von der traditionell-klassischen Astrologie und ihrer Deutung von Jupiter und Saturn lernen.

---

[62] Vgl. ebenfalls Alí Ben Ragel 1997, S. 43 f.

5.6. Jupiter und Saturn, Herren der Zeit

Die Astrologie redet viel von »Zeitqualität«, aber, wie ich glaube, denkt sie nur wenig über Zeitwahrnehmung nach und ebenso wenig über die Entsprechung der astrologischen Symbolik zu Einheiten der Zeitmessung. Das »Senkrechte Weltbild« führt bei seinen rund hundert Zuordnungen der Tierkreiszeichen zu allen Bereichen des menschlichen Lebens nicht eine einzige zeitbezogene Zuordnung an.[63] Nachfolgend deshalb ein vorläufiger Versuch in Symbolen zur Schließung dieser Lücke.

Faktor /Planet	**Zeitwahrnehmung**	**»Datierung«, Zeiteinheit**
Aszendent	Der (subjektive) Augenblick	Minute einer Begebenheit.
Medium Coeli	Der (objektive) Zeitpunkt.	Die Minute als solche.
Sonne	Das wache Zeitgefühl, die Klarheit des Hier und Jetzt.	Der Tag. Das Datum. Das Sonnenjahr.
Mond	Der unbewusst-selbstverständliche Gang der Zeit	Die Stunde.
Merkur	Getaktete, geprüfte, organisierte, verbürgte Zeit.	Arbeitszeit, Stunden- und überhaupt Zeitnorm.
Venus	Müßiggang.	Freizeit, Schäferstündchen.
Mars	Dringende Zeit, »keine Zeit«, Hast.	Der Termin.

[63] Nicolaus Klein/Rüdiger Dahlke: Das senkrechte Weltbild. Symbolisches Denken in astrologischen Urprinzipien. München 1986. – Einige wenige Zuordnungen finden sich in Einzeldeutungen im schon erwähnten Regelwerk der Hamburger Schule: Regelwerk 1959.

Jupiter	Heilige Zeit, die »wie im Flug« vergeht. Kairós: der richtige Zeitpunkt.	Der Festtag, die Festzeit.
Saturn	Zeit bis an die Schwelle der Ewigkeit, Dauer.	Lebenszeit. Tag und Jahr als »kleinere« Lebenseinheiten.
Uranus	Unvermitteltes Erscheinen hier und jetzt; »im Handumdrehen«.	Ultrapräzise Zeitmessung. Zeit auf subatomarer Ebene.[64]
Neptun	Zeitlosigkeit, Traumzeit	*Metatheoretische Fragen: Fortschreiten oder Ordnung bzw. Kreislauf der Zeit?*
Pluto	Zeitenwende, Epoche.	Das Zeitalter.
Chiron	Eigenes, unveräußerliches Zeitempfinden. Eigener gesunder Zeitrhythmus.	Das Sabbatjahr.
Lilith	Vergessene, verzerrte, verwunschene Zeit.	Die Geisterstunde.
Mondknoten	Lebensabschnitt, Generationenwechsel	Der Wirtschaftszyklus.

Tabelle 6: Zeitzuordnungen

Die Astrologie ist eine Bildersprache, und da Bilder nicht verneint werden können, gibt es in der Astrologie kein klares Nein. Dem am nächsten kommt das Prinzip Neptun, das man oft als Verneinung, Fehlschlag, Irrtum usw. auffassen darf. Ich habe dem Neptun hinsichtlich der Zeitwahrnehmung die Zeitlosigkeit des

[64] Vgl. zu »uranischen« Zeitphänomenen (antizipatorisches Erkennen des menschlichen Sehapparates, Retro-Psychokinese, sonstige Quanteneffekte der Zeit) Ulrich Warnke: Quantenphilosophie und Spiritualität. Wie unser Wille Gesundheit und Wohlbefinden steuert. München 2017 (zuerst 2011), S. 112 ff.

Schlafs bzw. die Traumzeit zugeordnet, was zumindest eine Verneinung des Tagesbewusstseins darstellt. Hinsichtlich einer möglichen Zeiteinheit bzw. einer Datierung muss ich passen. Neptun widersetzt sich jeder Zeitmessung und damit jeder Einheiten-Bildung. Man kann aber an dieser Stelle versuchen, die unausdrücklichen Grundannahmen über Zeit zu befragen. Ist Zeit eine Art von Fortschritt? Ist Zeit kreisläufig? Hat Zeit überhaupt eine Ordnung? Wenn Zeit eine Bewusstseinsleistung ist, wie wir seit Kants KRITIK DER REINEN VERNUNFT (1781) wissen (dazu gleich noch mehr), können wir vermuten, dass unser Bewusstsein von Zeit und unsere diesbezügliche Organisationsleistung identisch mit unseren sonstigen Bewusstseinshaltungen ist. Eine intentionale, ziel- und ergebnisorientierte Kultur lässt keine kreisläufig gedachte, von der ewigen Wiederkehr des Gleichen überzeugte Zeitvorstellung erwarten. Zeit ist eine Illusion. Diese Illusion nimmt die Eigenschaften desjenigen an, der sie hegt.

Kommen wir vor dem Hintergrund des Zuordnungsversuchs oben zu der besonderen Bedeutung von Saturn und Jupiter im Blick auf »Zeit«. Saturn als Hüter der Schwelle steht zwischen Zeit und Ewigkeit. Als Symbol des großen, müde gewordenen Alten, dessen Leben als »großes Unglück« offenbar ein Fiasko war, weiß Saturn etwas von quälender, weil unbehaglicher Dauer. Das ist die Zeit, die einerseits präzise im Sekunden- oder Minutentakt vertropft. Diese Zeit hätte man am liebsten weg vom Leib, und wahrscheinlich ist die Rede vom »Zeitvertreib« weitaus treffender und sinnvoller, als man je zu glauben wagte. Aber Saturn, der Herr der Zeit als einer sich präzise verbrauchenden Quantität, schiebt jedem Zeitvertreib einen Riegel vor. Zeit als Dauer muss eben abgedient werden. Wer diesen Dienst geleistet hat und von jenem anderen strengen und zugleich milden Saturn nach sorgsamer Prüfung über die Schwelle schreiten darf, der lässt jenes irdische Zeiterleben hinter sich.

Betritt er dann die Ewigkeit und, wenn ja, welche Art von Ewigkeit?! – Handelt es sich um die Ewigkeit der außergewöhnlich verlängerten Dauer? Oder handelt es sich um die zeitlose Gegenwart? Sprachgeschichtlich ist Ewigkeit eine Art von Zeit; man kriegt die beiden Begriffe nicht sauber voneinander getrennt, zumindest nicht auf der Ebene der Sprachgeschichte. Zeit, Zeitalter, Ewigkeit ist das im Deutschen; tempus, saeculum im Lateinischen; chrónos, aión im Griechischen. Das Lateinische differenziert noch ein wenig. Denken wir an die Schlussformel bei Gebeten in der katholischen Liturgie: *Sicut erat in principio et nunc et semper et in saecula saeculorum.* Auf Deutsch heißt das *Wie es war im Anfang, so auch jetzt und allezeit und von Ewigkeit zu Ewigkeit.* Das *saeculum* ist aber eigentlich das Jahrhundert. Führen mehrere Jahrhunderte und selbst die *saecula saeculorum* zu einer anderen Wahrnehmung von Dauer? Von Ewigkeit? Die sprachliche Wahrnehmung bleibt bei der langen Dauer stecken.

Wir können das Rätsel auf der Ebene des Bewusstseins erklären: Wir wissen seit Kant, dass Zeit, Zeiterleben usw. Leistungen unseres Bewusstseins sind, insbesondere die Ordnung der Zeit in ein Vorher und Nachher. Unsere Sprachen sind nach gesellschaftlichen und sehr praktischen Prioritäten organisiert. Veränderte Bewusstseinszustände und damit einhergehende besondere Zeitwahrnehmungen gehören nicht zu den Standardsituationen, für die unsere Sprachen entsprechende begleitende Sprechakte zur Verständigung bereithalten. Ebenso wenig halten unsere Sprachen etymologisch-historische Informationen für derartige Nicht-Standards bereit.

Die Schwelle zu überschreiten, die Saturn hütet, heißt, in einen anderen Bewusstseinszustand einzutreten, in dem wir hinter die Kulissen der subjektiven und der physikalischen Zeit blicken und in dem wir »Ewigkeit« erfahren. Im gewöhnlichen Bewusstseinszustand ticken die Uhren, die von einem heruntergekommenen älteren Herrn namens Saturn abgelesen werden.[65] In einem veränderten Bewusstseinszustand erweisen sich Uhren als unnötig und unbrauchbar. Jener konservativ, aber unauffällig gekleidete Herr, der uns auf dieser veränderten Bewusstseinsebene erwartet, scheint

[65] Möglicherweise der Chef jener grauen Herren von der Zeitsparkasse, vgl. Michael Ende: Momo. Stuttgart 1973. Ich habe das Buch 1976 oder 1977 gelesen, mit heißen Backen wie ein Kind und mit Tränen in den Augen.

ebenfalls Saturn zu sein. Jetzt aber strahlt er Weisheit, Bescheidenheit und Würde aus.

Saturn wird nicht ganz selten mit dem Tod gleichgesetzt. Auch so verbleibt ihm die bemerkenswerte Mittlerrolle zwischen Zeit und Ewigkeit. Wo es um den Tod geht, geht es fast immer auch um eine besondere »Zeit«. Es gibt jene im langsamen Takt gehende Pendeluhr, auf deren Zifferblatt das lateinische »Una ex his tua est« zu lesen steht: Eine von diesen (Stunden) ist deine (Todesstunde).

Ganz anders sind Zeit und Zeitwahrnehmung, wenn Jupiter das Spiel der Wirklichkeit bestimmt. Zeit folgt bei Jupiter nicht dem Gesetz der präzise gemessenen Dauer. Bei Jupiter vergeht die Zeit »wie im Fluge«, weil Jupiter so fesselnd ist. Der Fluss der Zeit wird gar nicht mehr wahrgenommen. Regelmäßig kommt es bei Jupiter zu Höhepunkten im Erleben. Dann ist es, als bewege man sich für kurze Zeit wie auf einer Welle und noch etwas dynamischer. Diese Höhepunkte sind zugleich Zeiten des günstigen Augenblicks. Jupiter weiß etwas vom rechten Augenblick, weiß etwas von rechten Zeitumständen, die einem unmittelbar zugutekommen können. Vertraut man sich dem Fluss Jupiters an, wird man wie von selbst an die Gestade des rechten Augenblicks geführt.

Das Wort *Zeit* geht zurück auf eine Wortwurzel, welche »teilen«, »zerreißen«, »zerschneiden« bedeutet. Auch das Wort *Zeile* steht in diesem Zusammenhang. In dem Wort Zeit klingt also auch schon ein Takt an. Interessanterweise gelingt es sowohl Saturn als auch Jupiter, dem Takt und seiner innewohnenden Unerbittlichkeit zu entrinnen – sei es durch Transzendierung geduldig erarbeiteter Zeit, Zeitvorstellung und Zeiterfahrung in Ewigkeit (Saturn), sei es durch Intensivierung und Anreicherung erlebter Zeit (Jupiter). Jupiter freilich transzendiert nicht. Jupiter sorgt schon hienieden für Hochgefühle. Jupiter ist, was das betrifft, leicht überheblich – ein Guru, der schon im Diesseits das großartige Ideal verkörpert und Transzendenz nicht mehr nötig zu haben glaubt.

Was haben beide Planeten im Blick auf ihr »Zeiterlebnis« gemeinsam? Beide führen an die Erfahrung der erfüllten Zeit heran. Jupiter tut das auf naive Weise, indem er Fülle schenkt, eine Fülle an hohen Zeiten, die immer nur noch schöner und noch heiliger sind. Saturn tut das auf herbe Weise, er fordert Geduld. Dafür allerdings führt er den Wanderer an die Schwelle der Einsicht – und noch ein weniges darüber hinaus. Jupiter ist großartig, Saturn erreicht ein Ziel. Jupiter bietet ein wundervolles geistliches Erlebnis: So sinnhaft und erfüllend kann Lebenszeit sein. Saturn bietet Erfahrungen: So erreiche ich das Ziel meiner irdischen Existenz.

Was danach kommt, nennen wir mangels eines besser geeigneten Begriffs Ewigkeit, Zeitlosigkeit, Himmelreich usw. Dort haben wir, wie es so schön heißt, *alle Zeit der Welt.*

5.7. Jupiter und Saturn: Entwicklung und Erfüllung, Reifung und Vollendung

Jupiter hat etwas vom Mond an sich. Beide schwelgen gleichsam in Wachstums- und Entwicklungsprozessen, beide wuchern wild-vegetativ und wuchern alles zu in der unendlichen Wiederholung naturschöpferischer Fruchtbarkeit. Natürlich können wir die beiden Faktoren miteinander in Kontrast bringen. Dann bezeichnet der Mond das Instinkthafte, Jupiter die Weisheit; Mond bezeichnet den Vorrang der Gefühle, Jupiter den Vorrang eines Ethos; Mond ist das Nest der Geborgenheit und Jupiter die Heimstatt des universellen Sinns. Aber der eine kann ohne den anderen nicht. Der bewusst gemachte richtige Instinkt wandelt sich in Weisheit. Gefühle von Zuneigung und Liebe, aber ebenso von Misstrauen und Hass sind geradezu die Rohmasse einer Ethik. Das mondhaft-mütterliche Nähren ist Vorbild für das geistliche Genährt-Werden durch Jupiter.

Der Mond ist dort im Domizil, wo Jupiter erhöht steht – im Krebs. Und der Mond ist dort im Exil, wo Jupiter im Fall steht – im Steinbock. Die beiden gehören durchaus zusammen! Dafür stehen Mond und Saturn im Kontrast. Der Mond ist im Domizil da, wo Saturn im Exil steht – ebenfalls im Krebs. Und der Mond ist umgekehrt im Exil, wo Saturn sein Domizil hat – ebenfalls im Steinbock.

Saturn hat etwas vom Merkur an sich. Beide stellen »Erfahrung«

bereit. Merkur tut das ganz naiv und außerdem wissenschaftlich, nämlich mit einer gewissen professionellen Distanz. Er trägt Daten zusammen, er sammelt und interpretiert, er ordnet und beweist und erfindet und wird so zum »Experten« für irgendein Fach. Saturn ist nicht so wissenschaftlich-distanziert. Saturn beschränkt sich nicht auf neokortikale Turnübungen mit Praxisbezug, Saturn fordert den ganzen Menschen, unmittelbar! Merkur sammelt und interpretiert nicht ganz selten auch blühenden Unsinn oder herzlich Überflüssiges – neokortikale Blähungen mit Hirnfürzen als Folge. Saturn sammelt auch, aber ihm kommt es aufs Wesentliche an. Merkur – ganz nebenbei auch das astrologische Symbol für den jungen Menschen – ist gern noch etwas verspielt. Saturn, der weise Alte, erkennt das Wesentliche und denkt alle Erfahrung, alle Lüste und Lasten des Lebens bis dorthin, bis zum Wesentlichen zu Ende. Und doch ist da nichts Überflüssiges, nichts Unsinniges. Merkur gibt sich objektiv, unpersönlich. Saturn ist streng, aber nicht unpersönlich.

Merkur und Jupiter sind ebenfalls Gegenspieler. Jupiter ist da im Domizil, wo Merkur im Exil ist, in Schütze und in den Fischen. Merkur ist in seinem Domizil dort, wo Jupiter im Exil steht, in Zwillinge und in Jungfrau. Merkur ist der Intellektuelle, der Vielredner. Auch Jupiter gehört zu den Vielrednern. Merkur braucht viel Redezeit, damit er dartun kann, wie Welt funktioniert. Jupiter braucht mindestens so viel Redezeit, damit er das Faszinosum namens Welt darstellen und seinen tiefen, universellen Sinn angemessen hervorheben kann. Beide, Merkur und Jupiter, sind auf Publikum angewiesen. Saturn redet wenig. Saturn tut seine stille Arbeit, um die Menschen auf Transzendenz, gewissermaßen auf die Ewigkeit vorzubereiten.

Diese Arbeit von Saturn hat schon hienieden die Reifung der Seele zur Folge. Jupiter (und Mond) sind entwicklungsorientierte Faktoren. Es geht zunächst um grenzenloses Wachstum der Seele. So wie Merkur das Symbol für den jungen Menschen ist, ist Jupiter allgemein das Symbol für den erwachsenen Menschen. Der erwachsene Mensch steht mitten im Leben, idealerweise gestaltet er sein Leben und wird nicht nur von anderen Menschen am Gängelband gestaltet bzw. verunstaltet. Das ist die Zeit Jupiters. Bis etwa zur Lebensmitte geschieht meist fraglos eine Aufwärtsentwicklung, und zwar parallel von Körper und Geist. Nach der Lebensmitte beginnt der Körper abzubauen, während die geistigen Interessen und Sehnsüchte weiter im Wachstum begriffen sind. Wenn sie es denn sind; so mancher gibt nach der Lebensmitte jegliches Wachstum auf und gerät zum Zombie. – Jupiter erfüllt das Leben, Saturn ordnet es. Beide, Jupiter und Saturn, tun dies vom Beginn eines individuellen Lebens an. Nun, jenseits der Lebensmitte bereitet sich die Seele schrittweise und sachte, nach und nach auf die Rückkehr zum Himmel vor. Ab jetzt greift Saturn deutlich stärker ordnend in Jupiters Erfüllung ein. Jupiter entwickelt, stellt großzügig alles bereit, was der sinnhaften Erfüllung des Lebens dient. Saturn ordnet Jupiters Reichtum, sodass aus Entwicklung und Erfüllung Reifung und Vollendung werden.

Es geht darum, dass das menschliche Individuum jenseits der Lebensmitte den Reichtum seines Lebens einsetzt, um zu persönlicher Vollendung zu gelangen. Dabei geht es nicht um eine heroische Anstrengung, an deren Ziel irgendein individueller Übermensch steht, sondern es geht ganz einfach darum, dass der Einzelne aus Fülle und Ordnung seines Lebens das für ihn Wesentliche und Bedeutsame erkennt.

Jupiter und Saturn sind die beiden Symbole für die *Lebensreise*. Die Reise ist ein Abenteuer, jeder Tag bringt etwas Neues, neue Begegnungen und Ideen. Klar, wir sind einfach aufgebrochen, aber mit zunehmender Dauer der Reise stellen wir fest, dass unsere Reise etwas bedeutet, dass sie einer inneren Spur, einer Logik folgt, einer Ordnung. Und die Reise erschöpft sich nicht nur im sprichwörtlichen Weg, der angeblich das Ziel ist. Das Ziel wird nach und nach aus der Ordnung erahnbar, für die Saturn mit sanft zunehmendem Nachdruck sorgt. Die Reise lässt uns einen individuellen Weg vom Zufälligen zum Wesentlichen zurücklegen.

Wir haben oben gesehen, dass wir den Mond als eine Art jüngeren Verwandten des Jupiter betrachten können und den Merkur entsprechend als jüngeren Verwandten des Saturn. So wie die Verbindung von Jupiter und Saturn als komplexes Symbol für die Lebensreise gelten kann, so gilt die Verbindung von Mond und Merkur als

Symbol für die ganz durchschnittliche Reise. Mond und Merkur sind die beiden »Reiseplaneten« in der traditionellen Astrologie.

Es ist vielleicht an der Zeit, sich erneut und auf andere Weise über die Struktur des Sonnensystems zu verständigen. Es ist modern geworden, von persönlichen, gesellschaftlichen und geistigen Planeten zu sprechen. Es gilt der folgende Aufbau:

Persönliche Planeten	Sonne
	Mond
	Merkur
	Venus
	Mars
Gesellschaftliche Planeten	Jupiter
	Saturn
Geistige Planeten	Uranus
	Neptun
	Pluto

Diese Struktur stellt durchaus eine gültige Ordnung dar. Sie stellt einen inhaltlichen Bezug der sonnennahen und sonnenfernen Planeten vor. Aber sie greift zu kurz, weil sie im mechanischen Aufbau stecken bleibt, statt sich über parallele Deutungen und Bedeutungen zu verständigen. Außerdem werden die »Gürtel« in unserem Sonnensystem vernachlässigt. Auf der folgenden Seite ein Versuch.

Und nun noch einmal zu Mond und Merkur einerseits, zu Jupiter und Saturn andererseits. In der traditionellen klassischen Astrologie waren Mond und Merkur gemeinsam für den »Verstand«, die »Vernunft« zuständig. Der Mond gilt hier als Entsprechung für das Gehirn, das die Aufgabe hat, alle Prozesse, alle Wahrnehmungen zu kombinieren und zu verarbeiten. Das ist dann die Rohmasse, an und mit der höhere Denkprozesse gestaltet werden. Diese werden vor allem von Merkur repräsentiert. Mond und Merkur sind gemeinsam mit dem Aszendenten die Signifikatoren für Charakter und Geist des Geborenen.[66]

---

[66] Vgl. Gil Brand 2000, S. 150 f., S. 166 f., S. 167.

Kategorie, Hierarchie	Planet, Gürtel	Erläuterungen
Lebenskern und Auftrag als Gestaltungsimpuls der Seele	Sonne	Charakter und Bestimmung Basis und Ziel
»Das kleine Fahrzeug« – leib-seelischer Lebensentwurf	Mond (Wasser) Merkur (Luft) Venus (Erde) Mars (Feuer)	Die materielle Welt der Eindrücke und Sehenswürdigkeiten
Zentrifugale Antriebskraft	Mond und Merkur als Reise-Planeten	Reise in eine andere Welt; man lässt das Elternhaus hinter sich
Zielkraft	Venus und Mars als Eros-Planeten	Erschließung einer neuen Welt und eines neuen Bewusstseins. Weitergabe des Lebens
Schutz des organischen, psychischen Lebens	Asteroiden-Gürtel	
»Das große Fahrzeug«– spiritueller Lebensentwurf	Jupiter (Feuer) Saturn (Erde) Uranus (Luft) Neptun (Wasser)	Die geistige Welt, erfüllt von Größe, Ideal und Sinn
Zentripetale Antriebskraft	Jupiter und Saturn – Planeten der Lebensreise	Vollendung des Lebens, Erreichen des Wesentlichen, Schritt über die Schwelle
Zielkraft	Uranus, Neptun als Planeten des Überbewusstseins	Erschließung einer neuen, nämlich der geistigen Welt und eines neuen Bewusstseins
Schutz des geistigen Lebens	Kuipergürtel	(Dazu auch Pluto gehörend)

Tabelle 7: Struktur des Sonnensystems

Mond und Merkur sind gemeinsam mit dem Aszendenten die Signifikatoren für Charakter und Geist des Geborenen.[67] Die Botschaft dieser Kombination von Mond und Merkur lautet: Es gibt kein reines »Denken«. Jedes Denken, jedes Argument, jeder scheinbar objektive logische Schritt ist gleichsam gefühlsbelebt, ist begleitet von »lunarem Stoff«: Bedürfnisse, Lust und Unlust, Reize, Begierden, Leichtfertigkeiten, Beeindruckbarkeiten usw. Dieser lunare Stoff reichert das merkuriale Denken ungemein an. Er ist aber auch geeignet, Geist und Verstand einzutrüben.

Umgekehrt nimmt Merkur einen objektivierenden Einfluss auf die vegetativ wuchernde Subjektivität des Mondes und dessen emotionalen Überschwang. Der Mischungen und Mischungsverhältnisse sind viele, aber immer führt diese gegenseitige Einflussnahme von Mond und Merkur zu mehr oder weniger fantastischen bzw. seriös klingenden Geschichten, zu allen möglichen Spielarten bedenklicher oder gut überlegter ernsthafter Naivität oder zu den ebenso vielen Spielarten wissenschaftlichen Bierernstes. Es geht immer darum, mit Mond und Merkur im Gepäck gute Geschichten zu erzählen.[68] Das ist übrigens ein nicht zu unterschätzender evolutionärer Vorteil.

Übertragen wir diese Überlegungen auf das Miteinander von Jupiter und Saturn. Jupiter ist Wachstum und Fülle, vegetativ wuchernd wie der Mond, aber nun ganz auf einer »höheren«, einer spirituellen Ebene angesiedelt, uferlos wie das ganze Universum (darunter tut's der große Guru Jupiter ja auch nicht). Das ist zunächst auch Überschwang, Subjektivität. Aber nun geht es nicht mehr um das Getümmel des sublunaren Alltags, sondern es geht um hohe

---

67 Vgl. Gil Brand 2000, S. 167.

68 Der Leser ahnt, dass auch die Geschichte dieses Buches der Spur von Mond und Merkur folgt. Als im Spätherbst 2019 die entsprechende Anfrage von Reinhardt Stiehle kam, habe ich erst geschluckt: Ein Buch, möglichst zügig, und so lange soll der Herr Parkinson stillhalten? Nun geht nichts über etwas wohlbedachten (Merkur) Leichtsinn (Mond) … *et voilà!* Mein Krebsmond mit der Uranus-Konjunktion im Nacken und im 1. Haus, der Merkur als Geburtsherrscher rückläufig im 12. Haus – für ein paar Geschichten langt es schon.

Ideale, es geht um Segen und Sinn des Ganzen, um tiefes Vertrauen in die Richtigkeit all dessen, was ist. Damit aus dieser atemraubenden Fülle eine gute Geschichte wird oder, besser gesagt, eine umsetzbare Vision, tritt nun Saturn hinzu. Damit sind wir wieder beim Lebensentwurf, bei unserer »Geschichte«, unserer »Lebensreise«. Jupiter ist das Organ, das uns die Fülle der geistigen Welt vermittelt, das »spirituelle Gehirn«. Mit Saturn tritt eine ordnende und denkende Funktion hinzu. Aus einer Vision wird nun ein Übungsweg, aus einem Erlösungsmärchen wird eine spirituelle Gebrauchsanleitung. Je nach Mischung und Mischungsverhältnis werden aus Ideen und Idealen und ihrer Ordnung und Anordnung spirituelle Ideologien, Hochreligionen, fromme Heiligengeschichten, niedlich-naive Esoterikentwürfe oder auch »Kurse in Wundern«.

5.8. Bete und arbeite

Reinhold Ebertin ordnet der Kombination von Jupiter und Saturn u.a. Rechtsgelehrte und Pfarrer zu.[69] Festigkeit (Saturn) im Glauben (Jupiter) wird von Vertretern der Amtskirchen mit Recht erwartet. Thomas Ring vermeidet eine berufliche Zuordnung. Er führt lediglich einmal ein »kirchliches« Beispiel an: Im Religiösen gehe es »um Durchdringung dogmatischer Sätze mit lebendigem Glauben«.[70] Ring plädiert im Grunde für eine Deutung, die von beiden Prinzipien das jeweils Beste nimmt:

> In dieser Verbindung verliert das Jupiterhafte den verpflichtungslosen Optimismus, das Streben wird gehaltvoller, umgekehrt verliert das Saturnische die kalte Sachlichkeit bloßer Feststellung, erwärmt sich an lebendigen Zwecken. Infolgedessen ist Erfahrung hier den produktiven Absichten angeschlossen und gehört zu deren Ausreifung.[71]

---

[69] Ebertin 2002, S. 159.
[70] Ring 2003, S. 348.
[71] Ring 2003, S. 346.

Für den Pfarrer, den Geistlichen, den kirchlichen Amtsinhaber bzw. Würdenträger genügt es auf die Dauer nicht, zu glauben und die rituell und liturgisch vorgesehenen Dinge zu tun. Wenn Jupiter mit im Spiel ist, erwartet die öffentliche Meinung deutlich mehr als den Mindeststandard. Der unerlöste Jupiter bildet sich gern etwas auf seine eigene Rechtschaffenheit und Heiligkeit ein. Dann soll er sich auch gerecht und heilig verhalten, so die öffentliche Meinung. Für den kirchlichen Amtsinhaber ist infolgedessen kein Feierabend, kein Inkognito vorgesehen. Und der kirchliche Amtsinhaber steht unter ständiger Beobachtung. Die Gnadenlosigkeit des unerlösten Jupiters wird nur noch von der Gnadenlosigkeit so mancher öffentlichen Meinung übertroffen. Wenn Saturn mit im Spiel ist, wird Kontrolle groß geschrieben.

Die unangenehmste und zugleich lächerlichste Variante des unerlöst aufgeblasenen Jupiters ist der Verstoß der jeweiligen Jupiter-Figur gegen die zuvor selbst verkündete Moral. Da wird öffentlich Wasser gepredigt und heimlich Wein getrunken, da wettert ein US-amerikanischer Fernsehprediger gegen Homosexualität und wird mit einem Callboy angetroffen. Da richtet sich ein anderer Fernsehprediger gegen Ehebruch … und wird mit Prostituierten ertappt. Unmoral wird durch Verbot erst schön! Die gesellschaftliche Spielregel lautet *Leben und leben lassen*. Der unerlöste Jupiter ist nicht in der Lage, diese einfache Regel zu akzeptieren. Nicht umsonst ist Jupiter mit dem 9. Haus verwandt, das für Bildung, Religion und Moral steht. Das sind die Felder, auf denen verkündet wird, was der Mensch zu wissen, zu glauben und sein zu lassen hat. Nicht, dass es sinnlos wäre, über Bildung, über Religion und über eine Moral zu verfügen. Aber das genügt Jupiter nicht. Bildung muss einem Kanon folgen, Religion wird von Dogmen und theologischen Lehrsätzen eingefriedet, und Moral muss rigide sein. Unversehens gerät Jupiter da in einen Leistungszwang, wie ihn Saturn nicht besser hätte ausdenken können. Alle eventuellen Fragen müssen beantwortet werden, am besten so, dass sie gar nicht erst gestellt werden können. Je näher dem vermeintlichen Himmel, desto weniger alltagstauglich, desto lebensfeindlicher und unduldsamer scheint Jupiter zu werden.

Liebt Jupiter sich selbst eigentlich? Ist der Jupiter »freundlich zu sich selbst«? Es sieht nicht danach aus. Stattdessen betäubt Jupiter sich mit der Droge der perfekten Rechtschaffenheit, mit der Freud'schen Fehlleistung im Schlepptau, exakt und eklatant gegen die zuvor verkündeten Grundsätze zu verstoßen. Normalerweise ist es dann Saturn, der öffentlich mit dem Finger auf Jupiter zeigt. Jupiter selbst, der doch ach so Aufrichtige, würde am liebsten alles unter den Teppich kehren.

Kein Wunder, dass Pfarrer tendenziell unbeliebt sind. Sie mischen sich in die Lebensvollzüge der Menschen ein, die ihnen ihr Vertrauen schenken, sie handeln nicht gemäß dem, was sie verkünden. Ihnen fehlt jede Großzügigkeit und oft auch jeder Begriff vom alltäglichen Leben jenseits ihrer eigenen kleinen Welt, die da rund um einen jeweiligen Kirchturm herum gruppiert ist.[72] Wenden wir uns also Vertretern des »geistlichen Standes« zu, die nicht in die Pfarrersfalle tappen, die es vermeiden, sich aufzublasen, die bescheiden bleiben und die darum umso wirksamer sind.

Ich rede vom mönchischen Leben, von Menschen, die in einem Kloster leben und sich, angetan mit einer Kutte aus gedecktem Braun oder auch Schwarz-weiß, irgendwie über Wasser halten. Das Kloster ist eigentlich der »abgeschlossene Bezirk«, verwandt mit »Klausur«, »Klausel«. Auch hier gibt es eine »Schwelle«, die nicht

---

[72] Ich hatte im Lauf meines astrologischen Daseins immer wieder Auseinandersetzungen mit Theologen und Kirchenvertretern. Diese Auseinandersetzungen waren im Großen und Ganzen konstruktiv. Beide Seiten »haben sich stets bemüht«, wie ein Standardsatz in Arbeitszeugnissen so schön lautet. Ob wir uns gegenseitig verstanden haben, weiß ich nicht. Theologen haben nach meiner Wahrnehmung öfters die Eigenart, andere Menschen nur dann wirklich zu verstehen, wenn diese das Idiom der Theologie fließend und tupfengleich wie die Theologen selbst beherrschen. *O tempora, o artes explanandi!* – Theologen verhedderten sich immer wieder in Widersprüchen, wenn es um Glaubenslehren und Bibelexegesen ging. Darauf angesprochen und danach befragt pflegten Theologen einfach zu schweigen. *O tempora, o mores!* – Andererseits erklärten Theologen einem dauernd die Welt, obwohl man gar nicht darum gebeten hatte. Ich habe das für mich auf den zugegebenermaßen boshaften Satz gebracht: Kein Schwein fragt, Pfarrer antworten. *O tempora, o pastores!*

ohne Weiteres übertreten werden darf. Das gilt für beide Richtungen. Bemerkenswert sind die Mönchs-, die Ordens- und Klosterregeln. Die bekannteste Bestimmung einer Ordensregel ist zusammengefasst in drei Worten: *Ora et labora, bete und arbeite.*

Man staunt. Hätte man das nicht von vornherein von den Männern (und Frauen) der Kirche erwartet, dass sie beten und ihre Arbeit tun? Offenbar darf man das nicht ohne Weiteres erwarten, sonst wäre diese Bestimmung nicht ausdrücklich in eine Ordensregel aufgenommen worden. In vielen Kulturen gibt es das Phänomen der Priesterkaste und der Priesterherrschaft. Die Priester leben relativ komfortabel im Tempel, sie leben von der Arbeit, die die anderen tun. Sie verfügen über Macht und Einfluss. Beten die Priester? Das, was der Laie sieht, ist, dass die Priester Liturgien vollziehen. Der Sinn einer Liturgie ist, dass der Glaubende durch die Liturgie zum Verständnis religiöser Erfahrungen und Überzeugungen gelangt. Aber es fehlt in den meisten priesterherrschaftlichen Systemen an entsprechender Vermittlung, weil man als ordinierter Priester bei praktiziertem »Priestertum aller Gläubigen« (Luther) um den Bestand seiner Pfründe fürchten muss.[73] Dann lieber sicherstellen, dass das Volk nicht allzu viel Bildung mitbekommt.

Die Priesterherrschaft und ihre Korrumpierung ist ähnlich wie das moralische Straucheln amerikanischer Fernsehprediger ein Paradebeispiel für den unerlösten Jupiter. Jupiters tiefste und schönste Eigenschaft ist, dass er bei allem fragwürdigen Taumeln und Straucheln immer wieder sehr bald zu einer erlösten Haltung zurück strebt. Wenn die Religionen zu Kirchen auskristallisieren, wenn aus Seelsorgern Religionsbeamte und aus Priestern Privilegierte und Politiker werden, wenn Gott aufhört, Ziel menschlicher Erfahrung zu sein und zum Gegenstand dogmatischer Lehrsätze mutiert, dann

[73] Der »Laie« ist der »Nicht-Fachmann«, der den Priester braucht, um die Verbindung zu Gott herzustellen. Das Wort »Laie« hängt mit dem griechischen »láos«, »Volk« zusammen, der Klerus fühlt sich als über dem Volk stehend. – Soweit ich blicke, sind die lutherischen Kirchen trotz Luther von einer Verwirklichung des »Priestertums aller Gläubigen« weit entfernt.

dämmert zugleich von Neuem die Traumzeit der Mystik auf. Mystik kann jeden treffen, dafür bedarf es keines kirchlichen Amtes und keines theologischen Zertifikates Denn jeder ist auf seine eigene Weise als Mystiker gemeint, nämlich als jemand, der auf seine eigene Weise Erfahrungen mit Gott macht und keinen Weg zu Gott unversucht lässt.

Der Mystiker nutzt hierfür mentale Techniken – Kontemplation, Meditation, Gebet – die zu einer Bewusstseinsveränderung führen. »*Das Reich Gottes kommt nicht so, dass man es mit Augen sehen kann. Man wir auch nicht sagen: Siehe hier! Oder: da! Denn siehe, das Reich Gottes ist mitten unter Euch und inwendig in Euch*« (Luk. 17,20 f.). Mit anderen Worten: Das Reich Gottes ist längst zugegen. Aber es wird erst wahrnehmbar, wenn wir unser Bewusstsein ändern. Erfahrungen mit Gott, pointiert gesprochen, haben mit erweitertem Bewusstsein zu tun.

Klöster sind gewissermaßen Laboratorien für die Heranbildung eines erweiterten Bewusstseins. Sie sind Laboratorien, in denen Praktiken des Betens, des Kontemplierens und des Meditierens erprobt werden, und in denen zugleich die begünstigenden sozialen Bedingungen erarbeitet werden (Mönchsgemeinschaft, Ehelosigkeit, Tagesablauf, Umgang mit Geld, Geldverdienen, Besitz), aber auch die ethischen Bedingungen (Versöhnungs- und Vergebungsbereitschaft, Klarheit und Verlässlichkeit der Rede, Feindesliebe, Aufrichtigkeit und Meidung jeglicher Heuchelei, Gelassenheit). Gebet, Kontemplation und Meditation machen das »Beten« aus. Die Erprobung der genannten sozialen und ethischen Zusatzbedingungen steht insgesamt für das »Arbeiten«. Solche Praxis des Glaubens und der hier angedeuteten Einstellungen führt auf längere Sicht zu einer Bewusstseinsveränderung, deren Zielsetzung in dem Satz zusammengefasst ist: Trachtet als erstes nach dem Reich Gottes und nach seiner Gerechtigkeit (Matth. 6,33).

Das Gebet sowie Meditation und Kontemplation ordnen wir dem Jupiter zu. Die Arbeit ist Angelegenheit Saturns. Statt von »Bedingungen« zu reden, könnten wir auch von Strukturen sprechen, vom Gerüst des täglichen monastischen Lebens – und Strukturen sind eine klassische Domäne Saturns. Diese Strukturen »halten« den Jupiter und sein Ausufern, wie auch umgekehrt Jupiter die Strukturen Saturns mit Glauben und geistlichem Reichtum erfüllt.

Klöster sind natürlich vorerst Orte, an denen mitunter recht rigide Strukturen herrschen. Saturn, wenn unerlöst, ist ja gern der Angstmacher. Da gibt es geistlich-theologische Ängste (die Ängste der Kirchenbehörden und Visitatoren angesichts oft freierer Denkungsart in Klöstern), aber eben auch wirtschaftliche Ängste (die Ängste der Mönche und Nonnen, ob die mehr oder weniger autarken Lebens- und Wirtschaftsmodelle im Kloster zum Überleben taugen).

Der Mystiker lebt ganz und gar seiner Erfahrung, die er in Gebet und Kontemplation mit Gott macht. Er »trachtet als erstes nach dem Reich Gottes«, und er weiß auch, dass Gott für ihn sorgt. Bekanntlich lautet der Satz so: »Trachtet als erstes nach dem Reich Gottes und seiner Gerechtigkeit, so wird Euch solches alles zufallen.« (Matth. 6,33) Dieser Satz steht am Ende einer vorausgehenden Erörterung der natürlichen Bedürfnisse des Menschen – Nahrung, Kleidung, Gesundheit. Die Botschaft lautet: Du brauchst keine Angst zu haben, mittellos dazustehen. Folge Deiner geistlichen Spur, für das andere ist gesorgt. Der unerlöste Saturn kann das so nicht stehen lassen. Er stimmt zunächst zu, nimmt jedoch diese Zustimmung sodann in einer sich endlos wiederholenden »Ja-aber-Schleife« zurück und schürt Ängste. Da ist dann Saturn ein fleißiger Ratgeber, der sich gern ungefragt einmischt.[74]

Versuchen wir an dieser Stelle Jupiter und Saturn, nämlich Beten und Arbeiten, weiterzudenken. In der Innenwelt, so könnte man sagen, ist *Beten* das, was wir in der Außenwelt *Arbeiten* nennen. Jupiter öffnet die Pforte zur Innenwelt, in der wir Gott begegnen. Saturn öffnet die Pforten zur Außenwelt, in der wir denen begegnen, die Gott als Ebenbilder Seiner selbst schuf. Beten und Arbeiten ist jeweils Begegnen. Darin »hängt das ganze Gesetz und die Propheten« (Matth. 22,40).

---

[74] Vgl. Anm. 72: »Kein Schwein klagt, Saturn bietet Lösungen an.« Der unerlöste Saturn löst gelegentlich gern Probleme, die es ohne ihn nicht gäbe.

5.9. Sinn und Weg

Der Mensch ist ein Sinnsucher, ja, er ist geradezu sinnsüchtig. Das zeigt sich schon auf einfachen Feldern: Wenn wir in die Wolken am Himmel schauen, sehen wir gern darin Gesichter oder Tierfiguren. Beliebige Strukturen vervollständigen wir zu Figuren, zu Bildern. Das gelingt besonders gut in halber Dämmerung, wenn die Konturen weniger scharf sind und wenn Striche, Gegenstände und Strukturen und die von ihnen geworfenen Schatten fast beliebig hin und her geschoben werden können und immer wieder ein plausibles Ganzes bilden. Blickt man genauer hin, zerfällt die von unserem Gehirn suggerierte Figur wieder in disparate Einzelgegenstände. Ein Ganzes – das führt zu einem Sinn. Wir entdecken ein Konstruktionsprinzip, eine Regel, die einem von uns betrachteten Ensemble von Einzelgegenständen innezuwohnen scheint.

Diese fortwährende sinnstiftende Tätigkeit hilft uns, Rätsel aller Art als solche zu erkennen, sie zu lösen und, besser noch, andere, einsichtigere Lösungen zu finden. Astrologisch gesehen ist das Rätsel eine Angelegenheit von Merkur. Die Lösung des Rätsels entspricht in der Zuordnung dem Jupiter. Das Rätsel ist knifflig, ist ärgerlich, kündet von allerlei Unvollständigkeiten, eben ein Merkur-Problem. Die endliche Lösung setzt einige intellektuelle Glückshormone frei und schafft zumindest für einige Zeit das gute Gefühl der Lebenszufriedenheit – Jupiter.[75]

Der Mensch ist der typische und tragische Rätsellöser. Das bekannteste Rätsel ist dasjenige der Sphinx. Die Sphinx, dieses nichtmenschliche Ungeheuer mit doch menschlichen Zügen befragt die Menschen, die unglücklicherweise den Weg durch die Schlucht direkt am Versteck des Ungeheuers vorbei gewählt haben. Was ist

---

[75] Wer beim Begriff des Rätsels und seiner astrologischen Zuordnung zuallererst »Pluto!« oder gar »Neptun!« gerufen hat, trennt eventuell »Rätsel«, »Verborgenes« und »Geheimnis« nicht ganz klar voneinander ab. Aber es ist schon richtig: Das »Verborgene« ist eine höhere Oktave des »Rätsels«, und das »Geheimnis« eine noch höhere Oktave.

das: Morgens hat es vier, mittags zwei und abends drei Beine. Und keiner der Unglücklichen kommt auf die Antwort: Der Mensch. Am Morgen seines Lebens krabbelt er auf allen vieren, auf der Höhe seines Lebens geht er auf zwei Beinen, doch am Lebensabend führt er noch einen Stab als zusätzliches »Bein«, als Stütze beim Laufen mit sich. Wer das Rätsel nicht lösen kann, wird von der Sphinx zerfleischt und aufgefressen. Wer sich nicht selbst in diesem Rätsel als Mensch wiedererkennt – das wäre ja das Mindeste, was man verlangen kann – hat Menschenrecht und Menschenwürde verwirkt.

Die Sphinx ist zwar ein Ungeheuer, aber sie ist durchaus fair. Dem etwaigen Rätsellöser bietet sie ihr eigenes Leben an, freilich in zynischer Gewissheit, dass die von ihr Befragten nie auf die Lösung kommen werden. Die Lösung ist dasjenige, welches sich selbst das größte Rätsel ist: der Mensch. Ödipus, der erfolgreiche Rätsellöser und damit Bezwinger der Sphinx, steht sodann vor seiner eigenen Rätselhaftigkeit – Mörder seines Vaters, Ehegemahl der eigenen Mutter.

Egal, aus welch krummem Holz der Mensch geschnitzt ist, der Mensch möchte das Holz und dessen Krümmung verstehen. Egal, wie gebrochen und in Stücke das Antlitz gegangen ist, der Mensch will in den Spiegel schauen, will sich reflektieren und rekonstruieren und seiner verborgenen Ganzheit ins Gesicht schauen. Jupiter ist der Drang nach oben, hinaus aus der dämmrigen Welt der Materie ins Licht des Geistes. Dieser Drang strebt zugleich dem Sinn der Existenz, dem Sinn des Lebens zu. Auch im tiefsten und finstersten Tal der Materie, auch in der tiefsten Schlucht der Gottferne will und kann Jupiter strahlen und so seinen Weg aufwärts ins Licht finden.[76] Und er kann den Menschen beseligen und begeistern, diesen Weg aufwärts mitzugehen. Es ist die Gewissheit vom Ganzen in uns, die uns hinan zieht. Diesen Zug spüren wir mit jedem zerbrochenen Bild, das wir mit unserem Auge in einer einzigartigen Blickumstellung

---

[76] Vgl. Jes. 9,1: »Das Volk, das im Finstern wandelt, sieht ein großes Licht, und über denen, die da wohnen im finstern Lande, scheint es hell.«

ergänzen und damit *ganz machen;* wir spüren diesen Zug hinan bei jedem Rätsel, vor dem wir stehen und das wir nicht ungelöst verlassen möchten. Und wir spüren diesen Zug hinan jedes Mal, wenn wir eine Ganzheit erreicht und darin tiefen Sinn erfahren haben: Geht es noch weiter? Über die Ganzheit und Sinnhaftigkeit hinaus geht es zum Unmöglichen. Und vom Unmöglichen geht es weiter hinan zu einer neuen Wirklichkeit. Wissen und Weisheit, Ergänzung und Verganzheitlichung, Suche und Sinn, Sehnsuche und Sinnsucht enden nicht und können niemals enden. Wir können nur in eine Richtung aufsteigen: die nach oben, die den Blick zum Himmel und zu den Sternen verheißt.[77]

»Sinn« im Deutschen ist ein vertracktes Wort mit manchen Bedeutungen. Erstens ist ein »Sinn« ein Organ der Wahrnehmung – Sehsinn, Hörsinn, Tastsinn usw. Zweitens ist »Sinn« dasjenige, was

---

[77] Von William Blake gibt es den aufrüttelnden Satz *The road of excess leads to the palace of wisdom.* Wenn wir die breite Straße des konformen, »realistischen« Denkens nicht verlassen, bleibt unser Wissen im Banalen stecken und kann nicht zu Weisheit emporwachsen. Freilich, Logik und Kenntnisnahme der Realität stehen am Anfang des Wissens. Auf einer nächsten Stufe des Wissens setzen wir uns mit den Grenzen der Logik auseinander, indem wir Paradoxe untersuchen und dabei manches über die Fragwürdigkeit und Hinfälligkeit unseres »Wissens« lernen, die erste Abzweigung auf der »road of excess«. Die zweite Abzweigung auf diesem Weg »abweichenden Denkens« gilt dem Unmöglichen und seiner Untersuchung. Insgesamt seien zum Einstieg empfohlen: William Poundstone: Im Labyrinth des Denkens. Wenn Logik nicht weiterkommt. Reinbek bei Hamburg 1992; Bruno Ernst: Unmögliche Welten. Abenteuer mit unmöglichen Figuren. Das verzauberte Auge. Köln 2006 (eine Darstellung über Maurits Cornelis Escher im Besonderen und optische Vexierbilder im Allgemeinen); John D. Barrow: Die Entdeckung des Unmöglichen. Forschung an den Grenzen des Wissens. Heidelberg/Berlin 2001 (eine mathematisch-naturwissenschaftliche Darstellung). – Was ist nun »real« und »logisch«, was ist »unmöglich«? Ich halte es inzwischen nicht mehr für unmöglich (!), dass auch formale Logik und Denkgesetze aufgrund von Leistungen des Bewusstseins entstehen und nicht schon an und für sich gültig sind. Merkur ist der Logiker und Rätselfachmann, und als Verwandter des 3. Hauses glaubt er naiv an die universale Geltung und Verwendbarkeit seiner Findungen. Jupiter im Gegenhaus räumt gründlich damit auf.

uns an einem Sachverhalt oder an einer Angelegenheit berührt, es ist dasjenige, was die betreffende Angelegenheit, den betreffenden Sachverhalt in unseren Augen hervorhebt. Dass etwas »Sinn macht«[78], nämlich »Sinn« für sich beanspruchen kann, hat in einem erweiterten Sinn(!) natürlich mit unseren Sinnesorganen zu tun. Was wir an einer Sache auf besondere Weise erspüren, ist das, was uns den Sinn der betreffenden Sache erschließt. Wir selbst als Erspürende und dann Erkennende sind eng mit dem Prozess des sich erschließenden »Sinns« verbunden. Vage ist uns dabei bewusst, dass der »Sinn« nicht einfach irgendwie aufscheint und dann da ist, sondern dass es dabei entscheidend auf uns selbst ankommt. Der Sinn einer Sache erschließt sich mir, indem ich erschließe. Wenn ich entscheide, dass es für mich nichts zu erschließen gibt, bleibt die Angelegenheit in meinen Augen »sinnlos«.

Was uns an einer Angelegenheit oder einem Sachverhalt besonders berührt, ist ein erster Kandidat für »Sinn«. Deswegen schätzen wir die Sache, deswegen hat die Sache für uns Bedeutung, und zwar überragende Bedeutung. Ganz einfach: Sinn macht für uns höchst subjektiv dasjenige, was uns in irgendeiner Weise weiter aufwärts und hinan zieht, was uns dem Himmel näherbringt. Wie wichtig uns das Suchen, Finden und Erschließen von Sinn ist, zeigen die zahlreichen Ableitungen: Stumpfsinn und Scharfsinn, Leichtsinn, Tiefsinn, Schwachsinn, Frohsinn, Wahnsinn, Doppelsinn, Eigensinn usw. Das alles sind Modifikationen, die Sinn (und Sinne) zusätzlich beschreiben.

In diesem Erschließen liegt allerdings auch ein Geheimnis. Oberflächlich lassen wir uns von dem ansprechen, was »Sinn macht«.

---

[78] Die wörtliche Übersetzung des englischen »to make sense« hat sich seit einigen Jahrzehnten im Deutschen eingebürgert. Im Unterschied zu vielen gedankenlosen Anglizismen und Eindeutschungen »macht« diese Redewendung wirklich »Sinn«, weil sie »Sinn« als bewussten Prozess erkennbar macht. »Sinn haben« und »sinnvoll sein« im Deutschen hingegen suggerieren eine statische und unverrückbare Zuschreibung und unterschlagen den Prozess der Sinnbildung. Das etwas hochtrabend-antiquierte »Sinn stiften« kommt dem modernen »Sinn machen« noch am nächsten.

Blicken wir etwas tiefer, so wird uns deutlich, dass unsere Sinnesorgane (und »Sinnorgane«) bereits etwas enthalten, das sie überhaupt befähigt, Sinn zu erkennen. »Die Schönheit liegt im Auge des Betrachters« heißt es sprichwörtlich. Goethe hat das Geheimnis benannt:

> Wär nicht das Auge sonnenhaft, die Sonne könnt' es nie erblicken. Läg nicht in uns des Gottes eigne Kraft, wie könnt uns Göttliches entzücken? (Zahme Xenien III)

Eine Sonderstellung nimmt »Unsinn« ein. Unsinn ist nicht etwa »Sinnlosigkeit«. Sinnlosigkeit ist eine ernste Sache, wenn einem zum Beispiel das eigene Leben oder die Berufsausbildung oder die Ehe mit dem und jenem »sinnlos« vorkommt. Unsinn im Sinn(!) von Dummheit oder »Blödsinn« ist noch ernst genug, aber die eigentliche Domäne von Unsinn sind die Blütenmeere der Heiterkeit.

Da ist zunächst der ungewollte, unfreiwillige Unsinn. Jupiter, der große Generator von Sinn, ständig damit beschäftigt, weiter hinan und näher zum Himmel zu gelangen, ist, je höher es in aller Erhabenheit geht, desto anfälliger für das Lächerliche. Der Bischof, der beim feierlichen Einzug in die Kirche über den Saum seiner Robe stolpert, ist das Paradebeispiel unfreiwilliger Komik. Solche Komik ist subversiv. Jupiter lacht nicht. Jedenfalls nicht in der dünnen Luft des Erhabenen. Sinn wird in einem Prozess der Sinnbildung und Sinnerschließung zuerkannt. Also kann er auch aberkannt werden bzw. er kann plötzlich verfliegen und verdunsten. Der Weg hinan erweist sich unversehens als Sackgasse, wenn ein scheinbar ganzheitlicher Sinn wieder in Einzelteile zerstiebt.

Und dann ist da noch der beabsichtigte Unsinn, die kalkulierte Hochkomik, das fleißig-listige Zusammenfügen von Dingen, die bis dahin stets glaubten, sie gehörten nicht zusammen. Das große Spiel, dem wir in allem Ernst beiwohnen und bei dem wir süchtig mitspielen, dreht sich natürlich um den geoffenbarten und noch zu offenbarenden Sinn des Ganzen. Aber eine Reihe von Versuchsfeldern auf der großen Spielfläche ist eben der Züchtung jener Blumen gewidmet, die die Blütenmeere der Heiterkeit zum Sprießen bringen. Geistliche Bewusstseinserweiterung ist eine großartige Sache. Aber noch besser ist tätige Bewusstseinserheiterung. Das Lachen ist dem Menschen vorbehalten, demjenigen, von dem gesagt wird, dass Gott sich ihn »zum Bilde« schuf (Gen. 1, 27); mit anderen Worten: Das Lachen ist es, was uns Menschen als göttliche Geschöpfe auszeichnet. Nach Jahren und Inkarnationen der Sinnsuche gelangen wir im Nirvana des Lachens zur Erleuchtung. Am Ende dieses ganzen Bewusstseinskinos voller frommer und deftiger Illusionen stoßen wir auf die Freiheit, die uns das Lachen schenkt, die einzige Qualität im Universum, die keine Illusion ist.

Gott muss einfach einen unendlichen Humor haben. Wir ahnen, wie wichtig Gott die Schaffung des Menschen war – er brauchte dringend jemanden, dem er alle Witze des Universums seit dem Urknall erzählen konnte. Und das Geschäft beruht ohne Frage auf Gegenseitigkeit. Wer nach dem Tod an die Himmelspforte klopft, wird selbstverständlich hereingebeten. Aber was zum Lachen sollte er schon mitbringen.[79] Spätestens dann wird uns klar: Jupiter lacht ja doch![80]

Der »Sinn« ist schon etymologisch untrennbar mit dem »Weg« (nach oben) verknüpft. Das verwandte Wort »senden« bedeutet »reisen machen«, also »auf den Weg bringen«. »Sint« ist im Althochdeutschen der Reiseweg, »sendero«, der Pfad, der Weg, gehört zum spanischen Grundwortschatz

Wer sich auf den Weg macht, ist bereits von dessen Ziel fasziniert. Das Ziel rechtfertigt schon im Vorhinein alle Begeisterung. Dennoch ist eine sorgfältige Vorbereitung nötig, bevor man sich »auf den Weg macht«. Dem Weg als solchem und seinem Ziel wird natürlich Jupiter zugeordnet. Aber das ganz pragmatische Gehen, das »unterwegs« sein, nämlich »unter dem Weg sein« ist Sache

---

[79] Den zum Beispiel: Neulich musste ich zum Psychiater. »Erzählen Sie Ihre Geschichte von Anfang an«, begann der Psychiater das Gespräch. Ich: »Im Anfang schuf ich Himmel und Erde.«

[80] Nach seiner Erleuchtung lachte der Weise Basho nur noch. Lachend zog er durch die Dörfer und steckte alle Menschen mit seinem Lachen an.

Saturns. Der Weg in all seiner Beschwerlichkeit, die schmerzenden Füße, der Rucksack, der unterwegs sein Gewicht verdoppelt zu haben scheint, die notwendige Ausrüstung, die leider fehlt, und die entbehrliche Ausrüstung, von der man unsinnigerweise viel zu viel mit eingepackt hat – das alles und noch mehr ist Saturn.

Pilgerwege sind ein wunderbares Beispiel für das Zusammenwirken von Jupiter und Saturn. Unterwegs zu sein wirkt als sportlich-spiritueller Durchlauferhitzer. Egal, ob man »einfach nur wandert« und sich unterwegs gelegentlich von einer spirituellen Stätte anmuten lässt, oder ob man den Weg in frommer Begeisterung zurücklegt – nach wenigen Tagen schon hat der Pilger für sich die bestmögliche Integration von äußeren Mühsalen und innerem Glück des Laufens gefunden. Er kehrt sich nach innen, weil kein Alltag mehr drängt und um Aufmerksamkeit buhlt. Sinn baut sich ganz von selbst auf. Der Pilger muss nichts »beweisen«, muss sich aber auch nichts beweisen lassen, weil er, unterwegs wie er ist, alle Dinge und Dogmen nach und nach hinter sich lässt, je weiter er vorwärts und aufwärts dringt.[81]

Andererseits ist der Pilger der Fremde, der kein Zuhause hat, der aus der einen Ferne kommt und in die andere Ferne wieder verschwindet – jemand, der vorübergeht. Die, die dort zu Hause sind, wo der Pilger vorübergeht, sehnen sich auch danach, unterwegs zu sein, und schätzen doch ihre Sesshaftigkeit. Auf dem japanischen *Weg der 88 Tempel* gibt es die schöne Sitte, dem vorbeiwandernden Pilger »osettai« mitzugeben, kleine Gaben, die den anstrengenden Weg etwas weniger beschwerlich machen. Aber ein »osettai« ist auch Ausdruck der Sehnsucht, mitreisen zu können. Die wirklich Mühseligen und Beladenen sind die, die zu Hause bleiben müssen. Wer unterwegs ist, weiß, dass er »auf dem Weg« ist, weiß, dass er nach und

---

[81] Ich meine zu wissen, wovon ich rede. Im Frühjahr 2007 und im Spätwinter 2008 bin ich in zwei großen Etappen den Jakobsweg in Nordspanien gewandert, insgesamt rund 830 Kilometer. 2012 bis 2015 war ich vier Sommer hintereinander jeweils zweieinhalb Wochen auf dem buddhistischen *Weg der 88 Tempel* unterwegs, der auf etwa 1400 Kilometern rund um die kleinste der vier japanischen Hauptinseln, Shikoku, führt.

nach erreichen wird, was ihm Jupiter als Vision und Ziel vor Augen stellt; und er weiß, dass er die Prüfung Saturns bestehen wird.

Mit und durch Saturn zeigt sich zwar auch alle Mühsal des Weges. Aber auf dem Pilgerweg ist Saturns Joch sanft, seine Last leicht (frei nach Matth. 11, 28-30). Auf dem Weg begegnet der Pilger der Wahrheit, *seiner* Wahrheit. Das ist einmal mehr Jupiter. Indem der Pilger den Weg geht, wird er beständig geprüft, weil der Weg, das Wetter, das ungewohnte Laufen den Wanderer fast wie von selbst an seine Grenzen führt. Und selbstverständlich ist diese beständige Prüfung auch Teil derjenigen Prüfung, die Saturn als Hüter der Schwelle durchführt. Es genügt nicht, dass der Pilger seiner Wahrheit begegnet und zu ihr steht. Der Pilger muss diesen Prozess auch buchstäblich *durchstehen* können. Mehr noch, er muss willens sein, auch den nächsten Schritt zu vollziehen. Hinter der entdeckten und entschlüsselten Wahrheit ist eine nächste Wahrheit erahnbar. Es hat keinen Sinn, zu erklären, man habe jetzt genug von der eigenen Wahrheit entdeckt. Die Wahrheit von heute kann den konsequenten Abschied von der Wahrheit von gestern bedeuten. Auch das will erkannt und durchgestanden sein. Damit kommen wir zu einer weiteren Perspektive der Kombination von Jupiter und Saturn. Leben bedeutet unweigerlich beständige Veränderung und Erneuerung. Das ist die notwendige Folge aus Wachstum und Erfahrung.

5.10. Das Leben selbst: Jupiter und Saturn in den arabischen Lospunkten

Die sogenannten Lospunkte, auch als Arabische Punkte bezeichnet, bieten sowohl im Fragehoroskop als auch im individuellen Geburtshoroskop ergänzende Informationen zur Deutung. Zu manchen Zeiten waren die Lospunkte hoch im Kurs. Heutzutage sind sie trotz einiger moderner Darstellungen weitgehend in Vergessenheit geraten, mit Ausnahme des Glückspunktes. Ein Lospunkt wird standardmäßig nach der Formel:

AC + Planet X – Planet Y

berechnet, wobei jeweils die absoluten, ab 0° Widder gemessenen Längen-Positionen zugrunde gelegt werden. Geht man die Reihe der 80 klassischen Lospunkte nach Abu Ma'shar durch[82], stößt man auf einige Nennungen mit Jupiter und Saturn:

1. Haus Punkt des Lebens (T) AC + Saturn – Jupiter (N) AC + Jupiter – Saturn	3. Haus Punkt der Geschwister AC + Jupiter - Saturn
4. Haus Punkt für den Tod der Eltern (T) AC + Jupiter – Saturn (N) AC + Saturn – Jupiter	5. Haus Punkt der Kinder (T) AC + Jupiter – Saturn (N) AC + Saturn – Jupiter
9. Haus Punkt des Wissens (T) AC + Jupiter – Saturn (N) AC + Saturn – Jupiter	

Die »landwirtschaftlichen« Lospunkte nennen:

Reis AC + Saturn – Jupiter	Sesam AC + Jupiter – Saturn

In der alten Astrologie wurde fast durchgängig, und so auch bei der Mehrzahl der Lospunkte, technisch und inhaltlich sehr klar zwischen Nachtgeburten und Taggeburten unterschieden.[83] Bei den Lospunkten gilt eine Formel für Taggeburten und die entsprechend umgekehrte Formel für Nachtgeburten. So zeigt es der oben stehende Auszug aus der Liste der 80 Lospunkte von Abu Ma'shar.

---

[82] Ich halte mich hier an: Renzo Baldini: Die Arabischen Punkte. Ihre Anwendung in der modernen Astrologie. Tübingen 2008 (zuerst ital. 2001), S. 233–241. Die hier genannten Punkte und Formeln entsprechen denen, die bei Alí Ben Ragel 1997, S. 566 ff., genannt sind. – Die Kürzel (T) bzw. (N) beziehen sich auf die jeweilige Formel für Tag- oder Nachtgeburten.

[83] Ausführlich dazu Gil Brand 2000, S. 172 ff.

Baldini verzichtet für die moderne Anwendung weitgehend auf diese Unterscheidung.[84]

Damit sind die »Zutaten« zum Punkt des Lebens (Haus 1 zugeordnet), wie Renzo Baldini vermerkt, dieselben wie die zum Punkt der Kinder. Das Argument der antiken Astrologie verweist hier darauf, dass Jupiter und Saturn die langsamsten Planeten seien, und da man sich ein langes Leben erhoffe, sei diese Zuhilfenahme von Saturn und Jupiter sinnvoll.[85]

Zum Punkt der Kinder und der zugehörigen Formel schreibt Baldini:

> Wir können sowohl Jupiter als auch Saturn als Gestirne betrachten, die etwas mit dem Gerüst des Lebens zu tun haben. Wir wollen kurz erklären, warum gerade diese beiden Planeten herangezogen werden, um den Punkt der Kinder zu bilden. Wir werden allerdings auch gleich sehen, dass sie auch geradewegs als Komponenten des Lebenspunktes sinnvoll sind. ... Zeit und Raum ... bilden das Gerüst des Lebens, und Jupiter und Saturn sind die Archetypen des Lebens, hier in einem gleichsam materiellen Sinn gemeint als »Bausteine« des Lebens. So setzt sich dieser Lospunkt ganz zu Recht aus den Planeten Jupiter und Saturn zusammen, denn Kinder sind wie Bausteine. Diese nutzen wir und stellen sie zur Verfügung, um das Haus namens Menschheit zu errichten. Jupiter und Saturn werden so mit diesem Punkt in Verbindung gebracht, um auf einer tieferen Ebene ihre Verbindung mit unserem schöpferischen Potential anzudeuten. Man setzt dabei den Jupiter auf den Aszendenten, um auf die lebenszeugende Fähigkeit zu verweisen. Saturn ist vom Aszendenten aus gesehen der Zielpunkt und deutet auf die Kinder – nicht nur in der Sicht auf sie als »Bausteine«, sondern zudem als Wesen, die zeitlich die Eltern überdauern.[86]

Im Grund trifft das auf vier von den insgesamt fünf Nennungen Abu Ma'shars so zu. Der Lospunkt des Lebens selbst gibt das

---

[84] Baldini 2008, S. 38 ff. sowie mein Vorwort zur deutschen Übersetzung von Baldinis Arbeit.

[85] Baldini 2008, S. 149.

[86] Baldini 2008, S. 108 f.

Generalthema des »Lebensgerüsts«. Dessen Funktion ist Bewahrung und kalkuliertes Wachstum. Leben bedeutet Weitergabe des Lebens. Dies geschieht in und mit der Familie. Insofern gehören diese Punkte inhaltlich eng zusammen, mit dem Punkt des Lebens auch der Punkt der Geschwister, ebenso der Punkt der Kinder und der Punkt des Todes der Eltern: Organisches Leben endet auch.

Der Punkt des Wissens hebt sich hier ab. Man könnte aber sagen, dass Wissen teil hat am Gerüst des Lebens, es trägt zur Bewahrung und zum Wachstum bei. Der Punkt des Wissens ist allerdings dem 9. Haus zugeordnet. Insofern ist »Wissen« nicht einfach nur ein technisches Verfügungswissen zur Lebensbewahrung und Lebensbewältigung, sondern im »Wissen« wird auch die spirituelle Seite der Existenz erkannt und wiedererkannt. Jupiter und Saturn verweisen auf die Sphären, an denen Materie und irdisches Sachwissen einen Qualitätswandel erfahren. Noch in der Materie ist das Motiv der Unendlichkeit angelegt (Jupiter als der bei Weitem größte Planet des Sonnensystems); und auf der Schwelle zu höheren Sphären der Unendlichkeit muss der Suchende eine gewissermaßen irdische Prüfung bestehen, ehe er über die Schwelle treten darf. Wissen und Weisheit, Himmel und Erde, materielle Welt und spirituelle Welt gehen hier eine tiefe Verbindung ein. Sie bilden zugleich die zweifache äußere Hülle des organischen und schutzbedürftigen Lebens. Alles, was über die Grenzen der beiden äußeren Planeten Jupiter und Saturn hinausgeht, ist nicht mehr »von dieser Welt«.

Unter den »landwirtschaftlichen Lospunkten« sind es sicher nicht zufällig Jupiter und Saturn, welche zwei uralte Kulturpflanzen bezeichnen, den Reis und den Sesam. Reis ist als Grundnahrung für den Erhalt des Lebens unmittelbar lebenswichtig. Sesamöl, aus den Sesamsamen hergestellt, dient seit alters her der Körperpflege. Sesamsaat trägt vielfach zur Verfeinerung von Speisen bei; an sich aber ist Sesam in vielen asiatischen und afrikanischen Kulturen ebenfalls ein Grundnahrungsmittel. In der orientalischen Geschichte von Ali Baba und den vierzig Räubern aus den 1001 Nächten wird dem Sesam und seinem hohen Wert als Nahrungsmittel und als Körperöl das schöne Symbol der Schatzhöhle gesetzt.

Deren Eingang ist verzaubert, die Höhle kann nur auf den Ruf »Sesam, öffne dich!« hin betreten werden.[87]

So stehen Jupiter und Saturn für das Leben, für seine Fülle und für sein Maß. Sie verheißen Wohlbefinden und Wohlbeschaffenheit. Sie verleihen Sehnsucht und Ausdauer. Möge ihr Tisch niemals leer werden.

5.11. König und Bettelmann

Jupiter ist der König. Saturn ist der Bettler.
Jupiter stellt große Ansprüche. Saturn ist genügsam.
Ist da nicht Jupiter der Bettelmann und Saturn nicht der König?

---

[87] Vgl. »Die Geschichte von Ali Baba und den vierzig Räubern«, in: DIE ERZÄHLUNGEN AUS DEN TAUSENDUNDEIN NÄCHTEN. Vollständige deutsche Ausgabe in sechs Bänden zum ersten Mal nach dem arabischen Urtext der Calcuttaer Ausgabe aus dem Jahre 1839 übertragen von Enno Littmann, Band 2. Wiesbaden 1953, S. 791 ff.

6. Jupiter und Saturn und ihre größeren epochalen Rhythmen

Fülle und Struktur, Fleisch und Knochen und letztlich Leben und Tod, Wachstum und Begrenzung – das ist das Thema des rund 20-jährigen Zyklus von Jupiter und Saturn. Die beiden äußeren Planeten im System der antiken Astrologie wachen gewissermaßen über das Leben auf der Erde, wirken behütend und beschützend. In ihrer gegenseitigen Ergänzung zwischen Fülle einerseits und fester Struktur andererseits bilden sie symbolisch das ganze Leben selbst ab und bewahren es darum. In dieser Perspektive ist der organische Tod integral in einen umfassenderen Begriff von Leben eingewoben.

Fülle und Struktur, Wachstum und Begrenzung sind zwei sehr allgemeine, sehr umfassende Begriffspaare. Wonach halten wir inhaltlich und thematisch eigentlich Ausschau, wenn wir versuchen, diesen Zyklus zu identifizieren und zu verstehen? Wir halten Ausschau nach dem jeweils vorherrschenden Prinzip und Paradigma von Leben. Das freilich führt hin zu einem bunten Durcheinander. Es muss nicht immer eine politische und nicht immer eine kreativ-künstlerische Idee sein, die zur Leitidee wird. So ist Leben – so bunt und so durcheinander. Aus dem jeweiligen Startpunkt eines Zyklus an diesem oder jenem Ort auf dem Tierkreis versuchen wir vorsichtig, eine denkbare Leitidee zu entwickeln. Und wir hätten es gern, dass dazu eine historische Überlieferung passt. Historische Überlieferungen bis zur Neuzeit pflegen lückenhaft zu sein, was eine Kategorisierung schwer macht; historische Überlieferungen aber seit Beginn der Neuzeit sind meist so zahlreich und komplex, dass eine Kategorisierung erneut, wenn auch aus anderen Gründen schwerfällt.

Hinzu kommt, dass der jeweilige Start des Jupiter/Saturn-Zyklus, als wolle er das bunte Durcheinander des Lebens noch betonen, mal in diese, mal in jene Region des Tierkreises springt. Es gibt, wie wir noch sehen werden, eine Kontinuität in der Abfolge der jeweiligen *Startpunkte des Zyklus*. Aber diese Kontinuität folgt einem komplizierten Muster, sie ist nicht so klar und großartig wie bei den ganz großen Zweierzyklen Uranus/Neptun oder Neptun/Pluto.[88]

In und mit diesem Kapitel wollen wir Daten und Fakten zur Geschichte und zur Gegenwart unter der Perspektive der »Großen Konjunktion« sichten. Diese Daten und Fakten sind notgedrungen recht »eurozentrisch«, sind aber deswegen nicht wertlos. Geschichte unter dem Blickwinkel von Zyklen ist immer schon »von oben her« geordnete Geschichte mit aufbereiteten und interpretierten Tatsachen. Ordnungen und Interpretationen helfen beim Verstehen von Geschichte und damit auch von Gegenwart. Ordnungen und Interpretationen wollen reiflich bedacht sein; man kann sie verwerfen und durch andere ersetzen. Verzicht aber auf Ordnungen und Interpretationen erzeugt undeutbare Unordnung, Chaos und sinnlose Zufälligkeit.

Im Mittelpunkt unserer Betrachtung steht der Großzyklus der Jupiter/Saturn-Konjunktionen, der rund alle 800 Jahre mit der sogenannten Feuermutation des Einzelzyklus neu beginnt. Wir wollen zunächst mit der historischen Rolle der Großen Konjunktion bei der Bestimmung des »Sterns von Bethlehem« beginnen. Zuvor jedoch ein kurzer Überblick über die sonstigen Zyklen, mit deren Hilfe die Astrologie historische Epochen zu verstehen und zu bestimmen versucht.

---

[88] Der Uranus/Neptun-Zyklus weist eine Dauer von rund 171/172 Jahren auf. Der jeweilige Neustart beginnt etwa 15 bis 18 Grad vom letzten Start entfernt. Es gilt (gerundet): Start 1308 auf 14° Skorpion, 1479 auf 29° Skorpion, 1650 auf 15° Schütze, 1821 auf 2° Steinbock, 1993 auf 20° Steinbock. Der Neptun/Pluto-Zyklus mit einer Dauer von 493/494 Jahren startet(e) neu: 411 auf 24° Stier, 905 auf 28° Stier, 1398 auf 4° Zwillinge, 1892 auf 8° Zwillinge, 2385 auf 12° Zwillinge.

6.1. Zyklen und Epochen in der astrologischen Geschichtsschreibung[89]

Wir sollten uns klarmachen, dass die Erfindung der Schrift, bezogen auf die Anfänge der Menschheit vor rund 500.000 Jahren und das erste Auftreten des »modernen Homo sapiens« vor etwa 160.000 Jahren[90] eine relativ späte Erfindung in der Geschichte der Menschheit ist. Die ersten Schriftzeugnisse sind etwa 8000 Jahre alt. Bilden wir die 500.000 Jahre seit dem ersten Auftreten des Menschen auf einer analogen Zeitlinie eines 24-Stunden-Tages ab: Dann ist es etwa 23 Minuten vor Mitternacht, 23.37 Uhr, als schließlich die Schrift erfunden wird. Bilden wir stattdessen die 160.000 Jahre seit dem ersten Auftreten des »modernen Homo Sapiens« auf einer 24-Stunden-Zeitlinie ab, so geschähe die Erfindung der Schrift etwa 1 Stunde und 12 Minuten vor Mitternacht, 22.48 Uhr. Der allergrößte Teil der Menschheitsgeschichte ist also schriftlose Vorgeschichte.

Und wenn man sich vor Augen führt, dass die Erfindung der Schrift weniger aus spirituellen und kulturellen denn mehr aus verwaltungstechnischen Gründen so erfolgreich und nachhaltig gewesen ist, wundert es nicht, dass die Geschichte der Geschichtsschreibung eine eher kurze und dürftige Angelegenheit ist. Die Chroniken des Mittelalters versuchten Geschichte als Heilsgeschichte darzustellen – von mythologischen Anfängen bis zum Ziel der Wiederkunft Christi und dem Jüngsten Gericht. Die eschatologische Erwartung gehörte zum (transzendenten) Ordnungsschema mittelalterlicher Geschichtsschreibung. Dieses Ordnungsschema hat Anfang und Ziel, es ist nicht unbedingt zyklisch aufzufassen. Es

---

89 Dieser Abschnitt folgt weitgehend wörtlich der entsprechenden Darstellung im Rahmen meines Beitrags »Die Epoche der Reformation«, in: Beatrice Ganz (Hrsg.): Astrologie, Spiritualität und Reformation. Himmelskunde als Lebens- und Weltdeutung. Tübingen 2018, S. 47 ff.

90 Vgl. Friedemann Schrenk: Die Frühzeit des Menschen. Der Weg zum Homo Sapiens. München 5. Aufl. 2008, S. 116.

wundert nicht, dass in der traditionellen Astrologie der Antike wie des Mittelalters und der frühen Neuzeit eine astrologische Geschichtsbetrachtung eher ausnahmsweise betrieben wurde. Dabei bezog sich die Astrologie, die nur die Planetenreihe bis einschließlich Saturn kannte, auf folgende Zyklen und Phasen:

Name	Maß und Dauer	Bedeutung
Platonisches oder Großes Jahr	Eine vollständige Präzession, etwa 25920 Jahre	Evolutionszyklus[91], in der Praxis nicht angewendet
Platonischer Monat	Der zwölfte Teil der Präzession, 2160 Jahre	»Zeitalter«: (z.B. Fische- oder Wassermann-Zeitalter)
Saturn-Umlauf	29,5 Jahre	Historische Einheit eines »Menschenalters«
Jupiter/Saturn-Zyklus	Rund 20 Jahre von Konjunktion zu Konjunktion	Zeitgeistige »Ära«

Tabelle 8: Zyklen und Epochen

Zehn komplette Saturn-Umläufe bildeten einen größeren Zyklus von 295 Jahren, der eine entsprechend größere Epoche beschrieb. Aus dem 20-jährigen Jupiter/Saturn-Zyklus lässt sich ein Großzyklus von etwa 800 Jahren Dauer ableiten. Dieser Zyklus ist Gegenstand der vorliegenden Veröffentlichung. Zusammen mit dem Großzyklus des Saturns teilt dieser Jupiter/Saturn-Großzyklus den Platonischen Monat von 2160 Jahren in relativ große Blöcke. Die Entdeckung der transsaturnischen Planeten hat diese Blöcke überschaubar gemacht.

---

[91] Der Name »Platonisches Jahr« beruht auf der vagen Erwähnung eines großen Sternenzyklus in Platons Dialog TIMAIOS. Dieser Hinweis führte zur entsprechenden Namensgebung für den Präzessionszyklus. Praktisch hatte in der Antike der Präzessionszyklus keine Bedeutung.

Name	Maß und Dauer	Bedeutung
Platonisches oder Großes Jahr	Eine vollständige Präzession, etwa 25920 Jahre	Menschlicher Evolutions-Zyklus: Zyklus des »Quantensprungs«
Platonischer Monat	Der zwölfte Teil der Präzession, 2160 Jahre	»Zeitalter«: (z.B. Fische- oder Wassermann-Zeitalter)
Saturn/Uranus-Zyklus	45 Jahre	Politisch-gesellschaftlicher Zyklus
Saturn/Neptun-Zyklus	36 Jahre	»Aufstieg und Fall«: Politischer Zyklus
Saturn/Pluto-Zyklus	32–37 Jahre: (Schwankung beruht auf der stark elliptischen Pluto-Bahn)	Wirtschafts- und Finanz-Zyklus
Uranus/Neptun-Zyklus	171 Jahre	Kultureller und technisch-wissenschaftlicher Zyklus
Uranus/Pluto-Zyklus	112–141 Jahre (Schwankung beruht auf der stark elliptischen Pluto-Bahn)	Politisch-gesellschaftl. Zyklus in Verbindung mit wissenschaftl. und sozialen Innovationen
Neptun/Pluto-Zyklus	495 Jahre	Spiritueller und wissenschaftlicher Epochal-Zyklus, Mentalitätszyklus

Tabelle 9: Zyklen und Epochen mit transsaturnischen Planeten

In diesem Modell unter Einbezug der transsaturnischen Planeten gelten (ungefähr) die folgenden Beziehungen:

Der Neptun/Pluto-Zyklus (495 Jahre) ist viermal im Platonischen Monat enthalten, dreizehnmal in drei Platonischen Monaten (6480 Jahre). Der Uranus/Pluto-Zyklus (zwischen 112 und 141

Jahren) ist etwa viermal im Neptun/Pluto-Zyklus enthalten. Der Uranus/Neptun-Zyklus (171 Jahre) ist etwa dreimal im Neptun/Pluto-Zyklus (495 Jahre) enthalten.

Der Platonische Monat von 2160 Jahren scheint zugleich das Maß eines Synchronizitätsschlüssels zu sein. Alle 2160 Jahre wiederholen sich in ähnlicher Form herausragende weltgeschichtliche Ereignisse. Ein ähnliches Maß ist das Viertel von 2160 Jahren, 540 (bzw. 539) Jahre.[92] Der gesamte Präzessionszyklus von rund 25.000 Jahren könnte ein Zyklus des »Quantensprungs« in der menschlichen Entwicklung sein. Etwa alle 25.000 Jahre kommt es zu einem ungewöhnlichen Zuwachs in der Entwicklung von Werkzeugen und Techniken, von kulturellen und sozialen Errungenschaften. Entsprechend steigert sich der Intelligenzquotient des Homo sapiens.[93]

Der Großzyklus von Saturn (295 Jahre) geht gut siebenmal im Platonischen Monat auf. Der Großzyklus der Jupiter/Saturn-Konjunktion (800 Jahre) steht in keiner unmittelbar wahrzunehmenden arithmetischen Beziehung zum Platonischen Monat.

Größere Zyklen, deren Existenz und Wirksamkeit außer Frage stehen, mögen hier unberücksichtigt bleiben.[94] Man darf an dieser Stelle die sogenannte Lange Zählung in den Kalenderwerken der Maya erwähnen. Diese Zählung beträgt rund 5125 Jahre. Sie begann ca. August 3313 vor Christus und endete nach Überzeugung der meisten Forscher am 21. Dezember 2012. Diese Lange Zählung macht genau ein Fünftel des gesamten Präzessionszyklus aus.[95] Ein

---

[92] Vgl. David Wilcock: Der Synchronizitätsschlüssel. Die geheime Architektur der Zeit, die unser aller Schicksal lenkt. Rottenburg 2014 (zuerst amer. 2013).

[93] Dazu ebda., S. 41.

[94] Wilcock verweist auf einen Zyklus von 26 Millionen Jahren, der durch galaktische Energiewellen gesteuert wird, ebda., S. 25 ff. – Die verschiedenen Kalender und Zeitperioden-Zählungen der Maya legen zumindest ein intuitives Wissen um außerordentlich große Zyklen nahe, vgl. Peter Ruppel: Maya 2012. Geheimes Wissen und Prophetie. Darmstadt 2008; Christoph Schubert-Weller: Endzeit oder Übergang. Leben und Kultur, Zivilisation und Ziel am Beginn des Wassermannzeitalters. Tübingen 2019, S. 20 f.

[95] Vgl. Ruppel 2012, ebda.

Feld weiterer zyklischer Aktivität sind die Sonnenfleckenperioden. Hier eröffnet sich ein Panorama kürzerer und längerer Zyklenbildungen mit einem längst nachgewiesenen Einfluss auf historisches Weltgeschehen.[96] All diese Zyklenbildungen sind »nicht astrologisch«, sind aber geeignet, ähnlich wie astrologische Zyklen menschliche Geschichte unter bestimmten Gesetzmäßigkeiten betrachtbar zu machen. Davon sind wir derzeit noch weit entfernt. Aber wir erkennen, dass wir seit wenigen Jahrhunderten »moderner Astrologie« und Astronomie plötzlich eine Fülle an Hinweisen und Tatsachen, an Messungen und Methoden in der Hand halten, um Menschheitsgeschichte, aber auch Evolutionsgeschichte und Erdgeschichte zu verstehen und zu beschreiben – und so eine Schau des ganz Großen Bildes zu erahnen.

6.2. Zeitenwende: Die Große Konjunktion und der »Stern von Bethlehem«

Man ist, soweit ich blicke, heute mehrheitlich davon überzeugt, dass Jesus unter dem Wirken einer Großen Konjunktion von Jupiter und Saturn im Zeichen Fische geboren wurde. Diese Konstellation soll dem »Stern von Bethlehem« entsprechen. Andere Theorien identifizierten den Stern von Bethlehem mit einem Kometen bzw. dem Erscheinen einer Nova bzw. Supernova. Der erste, der diese Zuordnung vornahm, war kein Geringerer als Johannes Kepler. Kepler berechnete eine Große Konjunktion für das Jahr 7 vor Christus, der sich auch der Planet Mars zugesellt hatte. Kepler spekulierte nun, dass diese Dreier-Konjunktion zusätzlich von einer Nova begleitet wurde.[97] Die Überlieferung im Matthäus-

---

[96] Vgl. Theodor Landscheidt: Astrologie – Hoffnung auf eine Wissenschaft. Tübingen 2005, S. 189–231; Theodor Landscheidt: Sun-Earth-Man – a Mesh of Cosmic Oscillations. London 1989; Morpheus: Transformation der Erde. Marktoberdorf 2006, S. 71–73; David Wilcock: Die Urfeld-Forschungen. Wissenschaftliche Fakten belegen alte Weisheitslehren. Rottenburg 2012, S. 265 ff.

[97] Vgl. Dieter Koch: Der Stern von Bethlehem. Zürich, 4. erw. Aufl. 2015, S. 130.

Evangelium allerdings gibt Rätsel auf. Die Weisen aus dem Morgenland »haben Seinen Stern gesehen«. Sie sind – wie auch immer – dem Stern gefolgt. Der Stern »ging vor ihnen hin, bis dass er kam und stand oben über, wo das Kindlein war« (Matth. 2, 1-9).

Das klingt, als habe sich »der Stern« als eine Art von Licht vor den westwärts ziehenden Weisen her bewegt und sei über dem Stall von Bethlehem zum Stehen gekommen. Man könnte das »Licht« so auch als außergewöhnliche Himmelserscheinung verstehen. Volkstümlich ist die schon erwähnte Auffassung, der Stern von Bethlehem sei in Wahrheit ein Komet gewesen, eine weitere außergewöhnliche Himmelserscheinung. Dieter Koch hat mit sehr guten Gründen dargelegt, warum es sich beim »Stern von Bethlehem« nichtsdestoweniger um eine vorhersehbare und im Vorhinein berechenbare Konstellation gehandelt hat.[98]

Die Kometen-Hypothese lässt sich allerdings auch dann berücksichtigen – und zwar über das Argument einer optischen Täuschung. Der kometenartige »Stern von Bethlehem«, den die drei Weisen aus dem Orient sahen, war in der Tat die damalige Große Konjunktion. Allerdings erblickten die drei Weisen »vorneweg« den größeren Jupiter und ihm folgend den Saturn in der sogenannten Kantenstellung. Letzteres bedeutet, dass man von der Erde aus gesehen sozusagen von oben auf die Ringe des Saturn blickt. Da der Saturn kleiner ist als Jupiter, wirkt er wie der Schweif eines Kometen.[99]

So weit, so gut. – Dieter Koch geht noch einen Schritt weiter und deutet den biblischen Bericht vom »Vorausgehen« und dem »Stillstehen« im Sinn astronomisch-astrologischer Rückläufigkeit bzw. Stationarität. Philologische und astronomische Argumente führen ihn schließlich auf Venus als den eigentlichen »Stern von Bethlehem«.[100]

Man sollte an dieser Stelle betonen, dass der Stern von

---

[98] Koch 2015, S. 75–89.

[99] Vgl. https://www.themamundi.com/esoterik-texte/item/38-zitate-pqr - Zugriff am 21.12.19.

[100] Koch 2015, S. 99–115.

Bethlehem als »Stern« des neugeborenen »Königs der Juden« bezeichnet wird. Der Bezug zur Geburt des »Königs der Juden« ist gegeben; der Stern zeigt sich in zeitlicher Nähe der Geburt von Jesus. Aber damit gilt nicht zwingend, dass »der Stern von Bethlehem« eine prominente Stellung im Geburtshoroskop von Jesus einnimmt. Das Argument der Mehrheitsmeinung bezieht sich auf den Einfluss einer Jupiter/Saturn-Konjunktion auf das Erscheinen dieses »Königs der Juden«. Und dabei muss noch offen bleiben, ob das »Erscheinen« dieses Königs der Juden sich auf die Geburt des »Menschensohns« oder auf den Beginn seines öffentlichen Auftretens bezieht.

Wenn meine Grundthese zutrifft, dass ein neuer Zyklus von Jupiter und Saturn mit der Entfaltung eines neuen Zeitgeistes einher geht, mit dem Auftreten eines neuen hegemonialen Prinzips, eines neuen Paradigmas, so bedeutet das ja nicht zugleich, dass dieser neue Zeitgeist, dieses neue Paradigma, dass der neue »König« zu Beginn des neuen Zyklus schon im Bewusstsein der Zeitgenossen präsent ist. Zyklen werden im Allgemeinen in einem Vierphasen-Modell beschrieben (siehe Tabelle 10).

Die »Keimlegung« geschieht, in der Symbolik des Tierkreises und der Jahreszeiten gesprochen, auf dem Punkt 0° Steinbock, dem einen Punkt der Lebens- und Schöpfungsachse. Aber es braucht in der Entfaltung das gesamte erste Viertel des Zyklus, bis sich das lebende Gebilde, das aus dem angelegten Keim nach und nach entwächst, »bewährt« hat, durchgesetzt hat. Jetzt kann aus dem winzigen Keim zunehmend mehr und mehr das volle Leben blühen, bis auf 0° Krebs, auf dem anderen Punkt der Schöpfungsachse, ein Gipfelpunkt der Üppigkeit, der Fruchtbarkeit und der Lebendigkeit erreicht ist.

Von diesem »Gipfelpunkt« aus geht es zwar »abwärts«; aber bis tief in die 4. Phase, die Phase der Spätzeit, zehrt der Zyklus vom Reichtum seiner Lebendigkeit in den früheren Phasen. Zudem haben die 3. und die 4. Phase ihre eigene Art von Kreativität. Denn jetzt, nachdem sich Keimlegung, Blüte und Reife der jeweiligen Idee als lebendig und erfolgreich erwiesen haben, kann eine Zeit der Reflexion anbrechen, in der Bilanz gezogen wird. Eine solche

Phase	Entsprechung im Modell der Jahreszeiten	Deutung
1. Keimlegung Von der Konjunktion zum ersten Viertel	0° Steinbock (Winter)	Mit Neubeginn des Zyklus kommt auch ein neuer Impuls, eine neue Idee auf. Dieser neue Impuls fasst nach und nach Fuß, sickert in die bestehenden Verhältnisse ein, behauptet sich.
2. Blütezeit Vom ersten Viertel zur Opposition	0° Widder (Frühling)	Der Impuls bricht nun überall auf, die Innovation wird »selbstverständlich«, die allfälligen Kinderkrankheiten werden überwunden.
3. Hoch- und Reifezeit Von der Opposition zum letzten Viertel	0° Krebs (Sommer)	Der frühere neue Impuls ist nun zur technischen oder gesellschaftlichen Leitidee geworden, ist rundherum erfolgreich.
4. Spätzeit, Stillstand Vom letzten Viertel zur (erneuten) Konjunktion	0° Waage (Herbst)	Die Leitidee zeigt aufgrund neuer Fragestellungen bzw. Entwicklungen leichte und später zunehmend schwerere Ausfälle. Erste noch wenig stringente oder mit Abwehr bedachte neue Impulse kommen auf.

Tabelle 10: Das Vierphasenmodell

Zeit innerhalb der zu Ende gehenden 3. und während der ganzen 4. Zyklusphase stellt eine eigene Qualität dar. Es geht nicht darum, in dieser Spätphase eines Zyklus dessen Leitmotiv oder Erfolg kleinzureden. Meist geschieht ja das Gegenteil: Die Menschheit bewegt sich bereits in der Spätphase eines Zyklus, will aber nicht wahrhaben, dass die noch erfolgreiche Grundidee binnen absehbar kurzer Zeit ausgedient haben wird. Und wenn es dann so weit ist, reagiert man überrascht. Sich klarzumachen und wahrhaben zu wollen, dass man mit dieser oder jener Entwicklung in der Spätphase eines zu dieser Entwicklung gehörenden Zyklus steht, kann jedoch nur hilfreich sein. Denn Reflexion ist hier ja nichts anderes als der Versuch, die Folgen und die Grenzen einer unbestritten hegemonialen Idee, eines Paradigmas, eines Leitmotivs bewusst abzuschätzen.

Symbolisch und im Bild der Jahreszeiten gesprochen: Spätsommer, Herbst und Winter haben ihre eigene Schöpfermacht und Kreativität. Wir bedenken dies zu wenig, wir sehen nur das scheinbare Vergehen organischen Lebens, das scheinbare Absterben der Natur, und vergessen, dass es »nicht *Nicht*-Leben« gibt. Wenn wir als Menschheitskollektiv hier eine Blickumstellung vornehmen würden, dann gingen wir mit dem Alter und mit alten Menschen anders um, als wir es heute tun. Wir gingen dann auch mit unserem eigenen Altern anders um.[101]

Alles in allem gilt:

- Die große Dreifach-Konjunktion im Jahr 6 vor Christus in Fische (mit den genauen Daten 29.05, 01.10 und 05.12. im Jahr 6 v. Chr.) kann einen Hinweis auf die Geburt von Jesus als »Königs der Juden« darstellen. Eine auch nur einigermaßen plausible Datierung der Geburt von Jesus ergibt sich daraus nicht. Wir können vermuten, dass Jesus in einer Frühphase des neuen Jupiter/Saturn-Zyklus geboren wurde, aber hierfür gibt es keine Sicherheit.
- Wenn man schon die Große Konjunktion im Jahr 7 vor Christus als kosmisches Symbol für das Erscheinen von

[101] Die Astrologie als eines der Wissensgebiete, welche mit Zyklen umgehen, hat meines Erachtens hier ebenfalls noch großen Nachholbedarf!

Jesus betrachtet, sollte man auch die Große Konjunktion vom 26.12.14 untersuchen. Diese könnte entsprechend das öffentliche Auftreten von Jesus symbolisch darstellen.

- Der »Stern von Bethlehem« war mit ziemlicher Sicherheit im Voraus berechenbar. Sonst wären die drei Weisen gar nicht erst aufgebrochen, um diesem Stern zu folgen.
- Der Bericht in Matth. 2, 1–9 ist nach Dieter Kochs Überlegungen der Bericht eines astronomisch-astrologischen Laien, der die damals gebräuchliche Terminologie nicht beherrschte bzw. nicht benutzen mochte.[102]

Ich will hier noch auf ein ganz anderes Motiv hinweisen, welches Datierungen und Datenangaben zumindest infrage stellt. Es ist das Motiv des Außergewöhnlichen, des Wunderbaren, mit dem das »Erscheinen«, das erste »Auftreten« von Jesus umgeben ist. Matthäus und Lukas verorten dieses Außergewöhnliche in der Geburtserzählung, der »Weihnachtsgeschichte«, Markus und Johannes verorten es im Beginn des öffentlichen Auftretens von Jesus, nämlich in seiner Begegnung mit Johannes dem Täufer. Die Ähnlichkeiten bei Matthäus und bei Lukas sind im Übrigen recht bezeichnend. Beide Evangelisten erzählen von den wunderbaren Begebenheiten um die Geburt von Jesus herum. Beide schildern, wenn ich das so nüchtern sagen darf, außergewöhnliche Himmelsphänomene. Bei Matthäus ist es der »Stern«, bei Lukas sind es die Engelerscheinungen. Und es sind diese Phänomene, die so überzeugend wirken: so überzeugend auf die drei Weisen, dass sie zum neugeborenen »König der Juden« aufbrechen, so überzeugend auf die Hirten, dass sie »eilend kamen« (Luk. 2,16), um zu schauen … und um die Geburt des göttlichen Kindes zu bezeugen.[103] Was ist nun dabei die

---

[102] Koch 2015, S. 102.

[103] Das Markus-Evangelium beginnt mit dem Zeugnis von Johannes dem Täufer: »Es kommt einer nach mir, der ist stärker als ich, und ich bin nicht genug, dass ich mich bücke und die Riemen seiner Schuhe auflöse (Mark. 1, 7). Unmittelbar darauf lässt Jesus sich von Johannes taufen, und nun legt der Himmel Zeugnis von Jesus ab: »Du bist mein lieber Sohn, an dir habe ich Wohlgefallen« (Mark.

»Erzähl-Absicht«? Eine möglichst objektive Darstellung astronomisch-astrologischer Fakten? Die wissenschaftliche Belegbarkeit von Engel-Erscheinungen? Oder geht es nicht doch um die Einstimmung des Zuhörers auf eine »Frohe Botschaft«, die an die Person und das Auftreten von Jesus geknüpft ist?

Das bedeutet nicht, dass die Evangelisten bloß fromme Legenden kolportieren. Aber Fakten des Wunders und des Außergewöhnlichen werden nun einmal anders vorgestellt und berichtet als Fakten des Wissens. Der »Stern« von Bethlehem muss der Erzähl-Absicht des Evangelisten entsprechen, egal, ob dieser »Stern« Tatsache ist oder auf Tatsachen beruht oder reine Ausschmückung ist. Was es ist – Tatsache, auf Tatsache beruhend oder Ausschmückung – ist nicht mehr ohne weiteres zu klären, was die Sache nicht einfacher macht.

Und damit wollen wir uns den beiden Starthoroskopen des Jupiter/Saturn-Zyklus zuwenden, die möglicherweise Geburt und Leben von Jesus mit gestaltet haben. Mir ist die zunehmende Ungenauigkeit der Planetenberechnung bei Horoskopen, die weit zurück in der Vergangenheit liegen, bewusst. Das betrifft zumal die schnell laufenden Faktoren.[104] Wir verbleiben freilich ein Stück weit im Bereich der (wenn auch begründeten) Spekulation.

Zunächst schauen wir uns die Conjunctio Aurea vom 29. Mai, 6 v. Chr., 11.37.51 UT, Jerusalem an, die auf 21° Fische fällt. Die

---

1, 11). – Das Johannes-Evangelium setzt mit der Rede vom Wort und von der Fleischwerdung des Wortes ein. Diese Fleischwerdung ist das eigentliche Wunder, von dem dann Johannes der Täufer Zeugnis ablegt: »Und das Wort ward Fleisch und wohnte unter uns, und wir sahen seine Herrlichkeit, eine Herrlichkeit als des eingeborenen Sohnes vom Vater, voller Gnade und Wahrheit«. Johannes zeugt von ihm, ruft und spricht: dieser war es, von dem ich gesagt habe: Nach mir wird kommen, der vor mir gewesen ist; denn er war eher als ich« (Joh. 1, 14-15)

[104] Die nachfolgenden Jupiter/Saturn-Konjunktionen aus den Jahren -6 und 14 mit den zugehörigen Horoskopen und Planetenständen wurden mit dem auf astro.com frei zugänglichen Berechnungsprogramm des Züricher Astro-Dienstes berechnet. Dieses basiert auf der Swiss Ephemeris von Dr. Alois Treindl und Dieter Koch, die derzeit die relativ genaueste Ephemeride darstellt.

Aspektfiguren sind ungewöhnlich: Es gibt zwei umlaufende Trigone, einmal über Merkur (29.36 Grad Zwillinge) mit Uranus (5.47 Grad Fische) und Neptun (2.58 Grad Skorpion), einmal über Venus (6.54 Grad Krebs) mit Uranus und Neptun. Ein kleines Dreieck mit Pluto (7.11 Grad Jungfrau) über Venus und Neptun) ergänzt das Große Dreieck zur Drachenfigur. Eine Neumondstellung in Zwillinge (Sonne auf 4.34 Grad, Mond auf 8.52 Grad) bildet die Spitze eines T-Quadrats über der Uranus/Pluto-Opposition. Mars schließlich (16.14 Grad Jungfrau) steht in Opposition zur Conjunctio Aurea selbst (20.56 Grad Fische). Damit sind alle Planeten eingebunden. Kein Planet ist isoliert, ist »abgehängt«. Die weiten Orben einzelner Aspekte lassen sich durch Aspektübertragung rechtfertigen.

Das Horoskop, auf Jerusalem gestellt, zeigt Venus als »Geburtsherrin« und zugleich eleviert an der relativ höchsten Stelle des Bildes. Für Bethlehem oder Nazareth sieht das Horoskop nicht sehr viel anders aus. Sonne, Mond und Merkur im 9. Haus in Zwillinge, mit Merkur außerdem auf der Schöpfungsachse am Punkt 0° Krebs: Das könnte den Weltenlehrer meinen, dessen Lehre grundstürzend (Sonne Quadrat Uranus) und radikal anders (Sonne Quadrat Pluto) ist als alle bisherigen Lehren. Das könnte auf jemanden hindeuten, dessen »Joch sanft« und dessen »Last leicht« ist (Venus eleviert, Zwillingsbetonung). Und doch legt er sich offenbar mit den Autoritäten an (Sonne Quadrat Pluto). Sein Königtum ist von Anfang an bedroht (Mars in Haus 12 in Opposition zur Conjunctio Aurea).

Seine Freundlichkeit (Merkur/Venus Konjunktion) und All-Liebe (Venus Trigon Neptun) sind überwältigend (Pluto im Sextil zu Venus und zu Neptun), und doch ist er am Ende das Opfer (Mond Quadrat Pluto).

Die Jupiter/Saturn-Konjunktion in Fische kann auf ein spirituelles (Fische) Königtum verweisen. »Mein Reich ist nicht von dieser Welt«, antwortet Jesus auf die Frage, ob er der König der Juden sei.

Die Jupiter/Saturn-Konjunktion am 26. Dezember im Jahr 14 nach Christi Geburt (23.02 UT) steht auf 4.53 Grad Schütze. Beide Zeichen, Fische und Schütze, sind spirituelle Zeichen. Beim Zeichen Schütze erwarten wir freilich nicht, dass der König sein Reich als »nicht von dieser Welt« bezeichnet. Stellt man das Horoskop wiederum auf Jerusalem, ist Mond im eigenen Zeichen Krebs im 10. Haus dicht beim Medium Coeli. Jemand geht an und in die Öffentlichkeit (Haus 10) mit starken Mondkräften (Mond im eigenen Zeichen Krebs), er ist beliebt, ist populär – nicht nur, weil er freundlich und zugewandt ist (Merkur/Venus-Konjunktion), sondern weil er mit seelischen Kräften (Mond Trigon Pluto) als Heiler (Mars Konjunktion Pluto) arbeitet.

Sein Denken und Lehren (Haus 3) vermittelt visionäres Wissen aus der Tiefe (Neptun Spitze Haus 3), er bleibt bei aller Ungewöhnlichkeit (Uranus Opposition Conjunctio Aurea) ein bescheidener (Sonne in Steinbock) und liebenswürdiger Mensch (Merkur/Venus-Konjunktion).

Denke ich an den überlieferten, historischen Jesus, so fehlt mir an diesem Horoskop der Konflikt mit den weltlichen und geistlichen Autoritäten. Uranus in Haus 8 in direkter Anbindung an die Conjunctio selbst könnte ein Hinweis auf den gänzlich neuartigen Umgang dieses spirituellen Meisters mit dem Tod sein.

Das Zyklus-Horoskop aus dem Jahr -6 ist außergewöhnlich und lässt an eine außergewöhnliche Entwicklung denken. Das Zyklus-Horoskop aus dem Jahr +14 ist eindrucksvoll, aber nicht geradezu außergewöhnlich. Es konzentriert sich stark auf den spirituellen Weg und den Auftritt des Meisters.

6.3. Der Jupiter/Saturn-Zyklus und sein Einfluss auf Kultur- und Geistesgeschichte

Rüdiger Plantiko ist in seiner schon erwähnten Arbeit aus dem Jahr 2003[105] den klassischen Weg gegangen und hat den Zyklus von Jupiter und Saturn im Blick auf die Verteilung seiner Neustart-Positionen im Tierkreis untersucht. Schon im Mittelalter war bekannt, dass

[105] Rüdiger Plantiko: Die letzten 1200 Jahre im Licht der Großen Konjunktionen. 2003, in: http://www.astrotexte.ch/sources/jupsat.html – Zugriff zuletzt 30.03.2020, hier zit. als »Plantiko 2003« (ohne Seitenzählung).

der Zyklus durch rund zwei Jahrhunderte ausschließlich in Zeichen eines einzigen Elements beginnt, bevor er für die nächsten zwei Jahrhunderte in Zeichen des dann folgenden Elements wechselt.

Zuvor fasst Rüdiger Plantiko die »Wissenschaftsgeschichte« des Jupiter/Saturn-Zyklus in einem knappen Überblick zusammen. Die Antike hat noch keinen Begriff von der Bedeutung dieser elementeorientierten Großperioden von etwa 200 Jahren bzw. rund 800 Jahren. Der arabische Astrologe Messahallah (geb. vor 762, gest. 815 n. Chr.) entwirft dann das Konzept, dass diese Perioden mit historischen Entwicklungen von Reichen, von Philosophien und Weltanschauungen in Zusammenhang stehen. Vermutlich hat Messahallah auf eine persische Quelle zurückgegriffen. Messahallahs Verdienst liegt in der ausführlichen Darlegung der 200-jährigen Geschichtssystematik. Vorerst muss man davon ausgehen, dass der Antike der Bezug der Großen Konjunktion zu historischen Perioden unbekannt war und möglicherweise erst eine Findung des ersten nachchristlichen Jahrtausends ist. Allerdings war in der Antike das Konzept der periodischen Wiederkehr langfristiger Konstellation durchaus bekannt, auch hinsichtlich eines historisch-kreisläufigen Bezugs. Nähere Einlassungen dazu, vor allem in dem Platonischen Dialog TIMAIOS, bleiben weitgehend Spekulation.

Messahallah bildet eine systematische, auf Konjunktionen beruhende Geschichtsperiodik aus. Die wichtigste Konstellation beruht auf der Konjunktion von Mars, Jupiter und Saturn (»coniunctio maxima«). Es folgen die normalen Jupiter/Saturn-Konjunktionen (»coniunctio proxima«), sodann die Konjunktion von Mars und Saturn (»coniunctio tertia«) und schließlich von Mars und Jupiter (»coniunctio quarta«). Für eine Konjunktion wird das Horoskop auf die Hauptstadt eines Landes berechnet, und zwar entweder auf die letzte der Konjunktion voraufgehende Syzygie oder auf den Frühlingsbeginn. Eine Syzygie ist hier die Stellung von Sonne, Erde und Mond in einer Linie, also eine Neumond- oder eine Vollmondstellung. Dieses Horoskop liefert die Prognose für die jeweilige Zeit bis zur nächsten Fälligkeit der Konjunktion.

Al-Kindi (geb. um 800 n. Chr., gestorben um 870, evtl. 873)

unterteilt den gesamten Zyklus bereits in seine *Elementenzugehörigkeit*. Die wichtigste Konjunktion ist die den Großen Zyklus einleitende Konstellation, es folgen die Konjunktionen, die den *Elementenwechsel* einleiten und schließlich die gewöhnlichen, alle 20 Jahre eintretenden Konjunktionen.[106]

Nachfolgend eine Tabelle, die die Großen Konjunktionen seit dem Frühmittelalter bis in die nahe Zukunft 2040 und ihre Startpositionen angibt. Angegeben sind auch etwaige Dreifach-Konjunktionen sowie die Fälle, in denen sich Jupiter und Saturn bis zu einem Abstand von weniger als einem Grad einander annähern, ohne dass es zu einer Konjunktion kommt. Das sind technisch gesehen die Fälle einer vereitelten Drei-Passagen-Konjunktion! In dieser Tabelle sind auch die »Mutationen« verzeichnet, die Starts neuer kleinerer Epochen von durchschnittlich 200 Jahren Dauer.

Datum	**Position**	**Hinweise**
18.11.0630	13.44 Skorpion	Alle Daten im julian. Kal. bis 25.08.1563
10.06.0650	10.15 Krebs	
27.01.0670	29.36 Wassermann	
17.09.0690	18.24 Skorpion	
13.09.0709	22.53 Krebs	Drei Passagen
04.02.0710	19.33 Krebs	
30.03.0710	18.20 Krebs	
21.04.0729	10.47 Fische	
06.12.0749	28.38 Skorpion	
23.07.0769	00.39 Löwe	Feuermutation
14.02.0789	16.14 Fische	
05.10.0809	03.20 Schütze	(9. Jahrhundert)
24.11.0828	11.35/12.10 Löwe	Nicht exakt, Orbis < 1°
04.06.0829	08.32 Löwe	
15.05.0848	28.13 Fische	

106 Vgl. dazu ausführlich Plantiko 2003.

16.11.0848	23.49/24.40 Fische	Nicht exakt, Orbis < 1°
24.12.0868	13.54 Schütze	
08.09.0888	21.41 Löwe	
13.03.0908	04.46 Widder	(10. Jahrhundert)
25.10.0928	18.53 Schütze	
28.07.0948	29.51 Löwe	
25.06.0967	17.34 Widder	Drei Passagen
06.10.0967	14.42 Widder	
04.01.0968	12.09 Widder	
16.01.0988	29.55 Schütze	
08.11.1007	13.05 Jungfrau	(11. Jahrhundert) Drei Passagen Erdmutation
07.03.1008	10.23 Jungfrau	
01.06.1008	08.27 Jungfrau	
20.04.1027	25.26 Widder	
18.11.1047	05.08 Steinbock	
19.09.1067	21.25 Jungfrau	
26.02.1087	03.22 Stier	
09.02.1107	16.27 Steinbock	(12. Jahrhundert)
07.08.1127	29.18 Jungfrau	
04.06.1146	17.31 Stier	
11.12.1166	21.42 Steinbock	
08.11.1186	12.04 Waage	Luftmutation
16.04.1206	25.46 Stier	(13. Jahrhundert)
05.03.1226	02.58 Wassermann	
21.09.1246	19.07 Waage	
25.07.1265	09.42 Zwillinge	
23.01.1266	05.27/05.15 Zwil-linge	Nicht exakt, Orbis < 1°
31.12.1285	08.01 Wassermann	
25.12.1305	00.49 Skorpion	(14. Jahrhundert) Drei Passagen Wassermutation

20.04.1306	28.05 Waage	
19.07.1306	26.01 Waage	
01.06.1325	17.53 Zwillinge	
24.03.1345	19.01 Wassermann	
25.10.1365	07.01 Skorpion	
09.04.1385	25.54 Zwillinge	
16.01.1405	23.46 Wassermann	(15. Jahrhundert)
14.02.1425	17.18 Skorpion	Drei Passagen
18.03.1425	16.33 Skorpion	
26.08.1425	12.40 Skorpion	
14.07.1444	08.57 Krebs	
08.04.1464	04.35 Fische	
18.11.1484	23.10 Skorpion	
25.05.1504	16.25 Krebs	(16. Jahrhundert)
31.01.1524	09.14 Fische	
08.03.1544	01.05/01.58 Schütze	Nicht exakt, Orbis < 1°
18.09.1544	28.05 Skorpion	
25.08.1563	29.10 Krebs	Bis zu diesem Datum im julian. Kalender
03.05.1583	20.11 Fische	Ab diesem Datum im greg. Kalender[107]
18.12.1603	08.19 Schütze	(17. Jahrhundert) Feuermutation
17.07.1623	06.36 Löwe	
24.02.1643	25.07 Fische	
16.10.1663	12.58 Schütze	
24.10.1682	19.09 Löwe	Drei Passagen
09.02.1683	16.43 Löwe	

[107] Im Februar 1582 führte Papst Gregor XIII., selbst astronomisch, astrologisch und kalenderwissenschaftlich geschult, den nach ihm benannten gregorianischen Kalender ein, der sehr viel genauer ist als der bis dahin verwendete, nach dem römischen Feldherrn und Diktator G. Julius Caesar benannte julianische Kalender.

18.05.1683	14.30 Löwe	
21.05.1702	06.36 Widder	(18. Jahrhundert)
05.01.1723	23.19 Schütze	
30.08.1742	27.09 Löwe	
18.03.1762	12.21 Widder	
05.11.1782	28.07 Schütze	
17.07.1802	05.08 Jungfrau	(19. Jahrhundert) Erdmutation
19.06.1821	24.39 Widder	
16.12.1821	19.55/20.17 Widder	Nicht exakt, Orbis < 1°
26.01.1842	08.54 Steinbock	
21.10.1861	18.22 Jungfrau	
18.04.1881	01.36 Stier	
28.11.1901	14.00 Steinbock	(20. Jahrhundert)
10.09.1921	26.35 Jungfrau	
08.08.1940	14.27 Stier	Drei Passagen
20.10.1940	12.28 Stier	
15.02.1941	09.07 Stier	
19.02.1961	25.12 Steinbock	
31.12.1980	09.30 Waage	Drei Passagen Luftmutation
04.03.1981	08.06 Waage	
24.07.1981	04.56 Waage	
28.05.2000	22.43 Stier	
21.12.2020	00.29 Wassermann	
31.10.2040	17.56 Waage	

Tabelle 11: Große Konjunktionen von 630 bis 2040

Was nun hat es mit der Bestimmung und der Bedeutungen dieser Mutationen auf sich? Im Jahr 769 beginnt der Jupiter/Saturn-Zyklus erstmals nach langer Zeit wieder in einem Feuerzeichen, nämlich auf 00.39 Löwe. Dieses erste Mal ist entscheidend für die Bezeichnung »Mutation«, hier eine Feuermutation, mit der ein Großzyklus von rund 800 Jahren neu anhebt. Auch wenn es noch längere

Zeit, nämlich immerhin bis 868 dauert, bevor diese »Feuerreihe« stabil wird und die Zyklusstarts nicht mehr zurück in Wasserzeichen fallen, bleibt dieses erstmalige Auftreten eines »Feuerstarts« ausschlaggebend. Der große irdische Teilzyklus, beginnend 1007, ist noch in weiter Ferne.

Es folgen zwei Starts in Feuerzeichen (809, 03.20 Grad Schütze und 829, 08.32 Grad Löwe), bevor noch einmal ein Start in ein wässriges Zeichen fällt (848, 28.13 Fische). Und dann folgen lauter Starts in den Feuerzeichen Schütze, Löwe, Widder usw. Erst im neuen Jahrtausend folgt ein Zyklus-Neustart im irdischen Zeichen Jungfrau (1007, Zyklusbeginn in drei Passagen bei 13.05 Grad, 10.23 Grad und 08.27 Grad).

Nach einer Reihe von Neustarts in den wässrigen Zeichen fällt erstmals 769 ein Start in ein Feuerzeichen. Die dann folgenden Starts wechseln zwischen Positionen in wässrigen und feurigen Zeichen. 848 startet der Zyklus ein letztes Mal in einem Wasserzeichen.

Ähnlich dann der Übergang zu einer Reihe von Starts des Zyklus in Erdzeichen. Der erste Start ist, wie gesagt, 1007 im Zeichen Jungfrau. 1027 findet noch einmal ein Start in Widder statt, aber ab 1047 laufen die Neustarts in irdischen Zeichen. 1186 fällt erstmals ein Start in ein luftiges Zeichen, in die Waage. 1206 ist noch einmal das Erdzeichen Stier an der Reihe. Wir ahnen, dass es eine Kontinuität in der Besetzung der vier Elemente durch jeweilige Neustarts des Zyklus gibt. Von Bedeutung ist immer »das erste Mal«, da ein Zyklus in einem neuen Element startet.

Die »Luftreihe« läuft, bis dass 1305 wieder ein Neustart im Skorpion beginnt. Es folgen jedoch noch zwei Starts in Luftzeichen: 1385 in Zwillinge, 1405 in Wassermann. In der »Luftreihe« ab 1226 ist 1305 eine Besonderheit zu vermerken. Diesmal findet die Konjunktion in drei Passagen statt. Die erste Passage am 25.12.1305 fällt auf 00.49 Skorpion, die zweite Passage am 20.04.1306 fällt auf 28.05, die dritte Passage am 19.07.1306 auf 26.01 Waage. Man könnte sich auf die Angabe einer Durchschnittsposition bei 28.18 Grad Waage herausreden, und letztlich bleibt ja die Luftreihe noch einige Zeit erhalten. Dieser »skorpionische« Querschläger zeigt, wie eigenwillig sich dieser Zyklus verhält. Jedoch – auch wenn diese erste Startpassage wie ein Ausrutscher aussieht und es noch mehr als 100 Jahre dauert, bis die Starts in Luftzeichen Geschichte sind: Das erste Mal in einem Zeichen eines anderen Elements gibt den Ausschlag, und der Beginn der wässrigen Reihe 1305 macht, wie wir sehen werden, Sinn.

Mit dem Start 1603 in Schütze beginnt erneut die Mutation zum Feuer (1623 Start in Löwe, 1643 Start in den Fischen), bis dass 1663 wieder eine stabile »Feuerreihe« von Neustarts anhebt. Die letzte Feuermutation war 769. Das ist ein Abstand von 794 Jahren.

Es sei noch eine Besonderheit für den wässrigen Normalzyklus 1544 erwähnt. Der Zyklus beginnt im September 1544 im Wasserzeichen Skorpion. Aber im Spätwinter und Frühjahr kommen sich Jupiter und Saturn im 2. Grad Schütze auf weniger als 1° nahe. Und nach allen mundanastrologischen Erfahrungen löst schon eine solche Konstellation mit Orbis von weniger als 1 Grad Entwicklungen und Ereignisse aus. Auch dies ein »Ausrutscher«, auch dies ein Hinweis auf die Eigenwilligkeit des Jupiter/Saturn-Zyklus.

Wie kommen diese stabilen Reihen und die Sprünge zustande? Hier eine grobe Plausibilitätsbetrachtung, die hoffentlich das Grundprinzip einsichtig macht: Der Zyklus dauert rund 20 Jahre von Konjunktion zu Konjunktion. Saturn, der für einen Gesamtumlauf rund 29,5 Jahre benötigt, hat nach 20 Jahren etwa 8 Tierkreiszeichen durchlaufen, wenn Jupiter ihn wieder einholt, um erneut eine Konjunktion mit ihm zu bilden. Das sind 240 Grad, so viel wie ein abnehmendes Trigon. Diese 240 Grad addiert man nun zur Startposition des auslaufenden Zyklus, um die ungefähre Startposition des neuen Zyklus zu ermitteln.

Aber diese Zahl von 240 Grad ist ein idealisierter Durchschnitt. Die Schwankungsbreite liegt zwischen rund 222 und 264 Grad. Die Schwankungen kommen u.a. durch Rück- und erneute Direktläufigkeit zustande, durch Sonnenferne bzw. Sonnennähe der einzelnen Planetenbahnen. Wenn man am Horoskopkreis einen Goldenen Schnitt durchführt, so entspricht die Strecke von 222,5 Graden dem sogenannten Major, der längeren der beiden Teillinien im

Goldenen Schnitt. Die Zahl 264 liegt nahe beim abnehmenden Quadrat (270 Grad). 264 Grad entsprechen auch der Addition von Trigon und Biquintil (120 + 144 Grad). Vorerst ist unsicher, ob dieses Phänomen überhaupt eine Bedeutung hat, und wenn ja, welche. – Hier nun ein Überblick über die Startdaten der Mutationen 769 bis 2219.

Jupiter/Saturn-Konjunktion vom	Position	Mutation Element
23.07. 769	00.39 Löwe	Feuer
08.11.1007	13.05 Jungfrau	Erde
07.11.1186	12.04 Waage	Luft
25.12.1305	00.49 Skorpion	Wasser
18.12.1603	08.19 Schütze	Feuer
17.07.1802	05.08 Jungfrau	Erde
31.12.1980	09.30 Waage	Luft
31.10.2219	14.41 Skorpion	Wasser

Tabelle 12: Startdaten der Mutationen

6.4. Astrologie und Geschichte: Deutungen, Erläuterungen und Zuordnungen im Großzyklus von Jupiter und Saturn

Mit dem Start der Feuermutation im Jahr 769 beginnt der gesamte fast 800-jährige Großzyklus neu (siehe Abb. 12). Für das Element Feuer ist vor allem der dynamische Anfang ein wichtiges Symbol. Neue Reiche, neue politische Gebilde erscheinen auf der Landkarte, die Dinge werden mit neuem Elan ergriffen. Mit der Feuermutation im Zeichen Löwe stehen Macht und Herrschaft, Zentrierung und Organisation in der Blickmitte.

Und so geschieht es auch. 768 tritt Karl der Große sein Amt als König des Frankenreichs an. Zunächst regiert er gemeinsam mit seinem Bruder Karlmann, der jedoch schon 771 stirbt.

»Ohne die ruhelosen Feldzüge Karls des Großen gäbe es nicht

die Vorstellung eines vereinigten Europas«, bemerkt Kenneth Clark und fährt fort:

> Karl der Große tritt als der erste überragende Mann der Tat aus dem Dunkel hervor, das seit dem Zusammenbruch der römischen Welt geherrscht hatte. An einem großartigen Reliquiar in Aachen, das ungefähr 500 Jahre nach seinem Tode angefertigt wurde, um einen Teil seines Schädels aufzunehmen, sehen wir, wie das hohe Mittelalter ihn einschätzte – auf eine Weise, die er selbst geschätzt hätte: in Gold und Juwelen. Aber der wirkliche Mann, über den wir durch einen zeitgenössischen Biographen recht gut unterrichtet sind, war gar nicht so weit entfernt von jenem Mythos. Er war eine gebieterische Gestalt, über 1,80 Meter groß, mit durchdringenden blauen Augen – nur hatte er eine dünne, piepsige Stimme und einen Walross-Schnurrbart statt eines Vollbartes. Er war ein ruheloser Verwaltungsmensch. Die eroberten Länder – Bayern, Sachsen, die Lombardei – erhielten eine Organisation, die die Möglichkeiten eines halbbarbarischen Zeitalters beträchtlich überstieg.[108]

Hier kann man mit einigem Recht behaupten, dass mit der Großen Konjunktion zugleich der Stern eines »neugeborenen Königs« aufscheint. Dieser allerdings wurde (wahrscheinlich) schon 747 oder 748 geboren und war zur Zeit der Feuermutation bereits ein Jahr im Amt. Aber die Feuermutation zeigt eine Vierer-Konjunktion von Sonne, Jupiter und Saturn *und* Neptun in Löwe, im 2. Haus. Da geht es um Regierungs- (Sonne)-Praxis (2. Haus), durchaus nicht ohne Rückschläge und Entbehrungen (Steinbock-Mond in Opposition zu der Vierer-Konjunktion), aber mit beträchtlichem Elan (Vollmond-Stellung) und mit weitreichenden Visionen (Neptun).

Eine besondere Aufmerksamkeit verdienen der rückläufige Merkur im Haus 1 und im Krebs, sowie der Mond als »Geburtsherrscher« in Haus 8. Das ist, wenn man so will, das genaue Gegenteil des Löwe-Clusters im 2. Haus, seltsam rückwärts gewandt (Krebs-AC, Krebs-Merkur) und von Geheimnissen und vielleicht

---

[108] Kenneth Clark: Glorie des Abendlandes. Von den Gedanken, Bauten, Büchern, Kunstwerken und Genies unserer Zivilisation. Bindlach 1994, S. 30 f.

Abgründen durchwirkt. Eine Antwort gibt der Umstand, dass die antike Zivilisation durch das Wirken Karls des Großen in Mittelalter und Neuzeit überliefert wurde. Wie das? Karl der Große konnte zwar lesen, war aber des Schreibens nicht wirklich mächtig. Wieso das Interesse an wissenschaftlicher, literarischer und geschichtlicher Bildung?

> Wie die meisten tüchtigen Menschen, die sich selbst mühsam ausbilden mussten, erkannte Karl der Große sehr klar den Wert der Erziehung, und insbesondere sah er die Notwendigkeit eines geschulten Laienstandes. Er erließ zu diesem Zweck eine Anzahl von Dekreten.
>
> Karl sammelte mit Hilfe eines klösterlichen Gelehrten systematisch Handschriften und ließ diese kopieren. Als Karl damit begann, gab es noch drei oder vier originale antike Handschriften. Das meiste, was wir heute an antiker Literatur kennen, verdanken wir dem Sammeleifer Karls des Großen.[109]

Karl wandte sich, was Bildung (Merkur) anging, bewusst rückwärts (Merkur in Krebs und rückläufig) und sicherte so der abendländischen Bildung zusätzliche Schätze aus der Tiefe der Geschichte (Mond als Herr von 1 in 8).

Rückwärtsgewandt war möglicherweise auch Karls Idee vom Kaisertum. »Kaiser« gab es im oströmischen, dem byzantinischen Reich, das sich in seiner größten Ausdehnung, grob gesprochen, auf Unteritalien, Osteuropa bzw. den Balkan und auf Kleinasien erstreckte und für mehr als ein Jahrtausend geistig und politisch mitbestimmend war. Karl schuf mit den auf ihn zurückgehenden Erweiterungen des Frankenreichs ein politisches Gebilde, das im Abendland einen dem byzantinischen Reich vergleichbaren Einfluss ausübte. Karl sah sich als natürlichen Nachfolger des römischen Kaisertums. Zum hoch symbolischen Datum des 25. Dezember 800 ließ sich Karl von Papst Leo III. in Rom zum Kaiser krönen.[110]

---

[109] Vgl. Clark 1994, S. 32, Zitat ebda.

[110] Der 25. Dezember verweist einerseits auf das (kirchliche) Geburtsdatum von Jesus Christus, andererseits auf das Motiv der Wintersonnenwende und des Schöpfungspunktes 0° Steinbock.

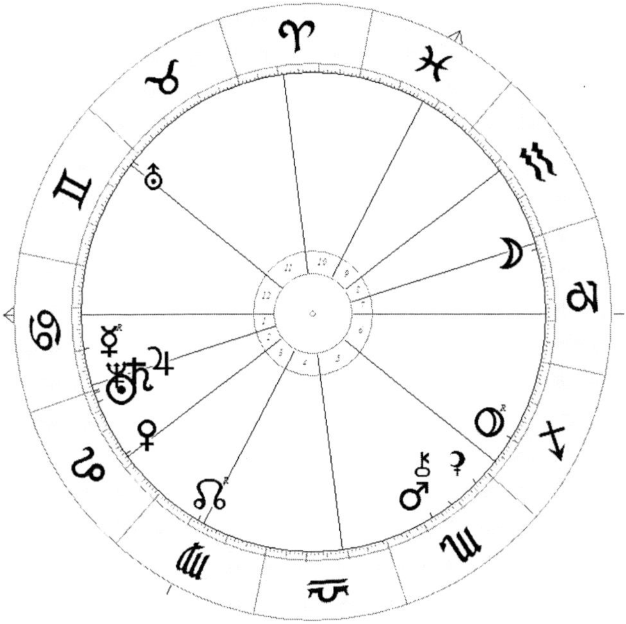

Abb. 12: Feuermutation, Conjunctio Aurea, 23.07.0769, 2.41.00 UT, Bodman, D

Damit wurde eine äußerst wirkungsmächtige Entwicklung für das gesamte weitere Mittelalter in Gang gesetzt: die Übertragung der römischen Herrschaft auf die Franken (…). Das römische Kaisertum im Westen, wo 476 der letzte Kaiser in Italien abgesetzt worden war, wurde durch die Krönung Karls erneuert. In diesem Zusammenhang spielten heilsgeschichtliche Aspekte eine wichtige Rolle; das römische Imperium galt als das letzte Weltreich der Geschichte. Nun existierte ein neues »römisches Kaisertum«, das an den Herrschaftsanspruch der antiken römischen Kaiser anknüpfte …[111]

[111] Vgl. https://de.wikipedia.org/wiki/Karl_der_Gro%C3%9Fe – Zugriff am 16.03.20.

In Byzanz hielt man allerdings den Anspruch auf das römische Kaisertum aufrecht und betrachtete Karl als Usurpator. Die Wahrheit war, dass seit 300 Jahren kein oströmischer Kaiser Rom besucht hatte.[112]

Neptun wird unter anderem dem religiösen Bereich zugeordnet. Insofern enthält die Königs-Konstellation (Sonne/Jupiter/Saturn in Löwe) zusätzlich ein nicht rationales religiöses Motiv. Dieses neptunische Motiv sei hier etwas ausführlicher behandelt. Rüdiger Plantiko vermerkt in seiner Analyse: »Neptunisch ist Karls spirituelles Selbstverständnis. Er hatte die Vision eines weltumspannenden christlichen Reiches, zu dessen Führung der Kaiser durch Gottes Gnade bestimmt sei. Diese Vision … trägt deutlich Neptuncharakter – denn Neptun ist auch Abstraktion, Zusammenfassung zu höherer Einheit, Auflösung von Widersprüchen und natürlich: das Spirituelle. Der Kaiser sah sein Amt als Priesterkönigtum: Auf Synoden wurde er als *rex et sacerdos*, als »König und Priester« tituliert. Im Kreise seiner Vertrauten ließ der Kaiser sich sogar als »König David« anreden. Konsequent passt hierzu die Einsetzung von geistlichen Führern, von Bischöfen und Klosteräbten, durch den Kaiser, die sogenannte *Laieninvestitur*.[113] Karl entschied, nebenbei bemerkt, auch in theologischen Fragen selbstständig und unabhängig von Rom. 794 verurteilte die Frankfurter Synode unter dem Vorsitz von Karl die Beschlüsse des zweiten Konzils von Nicaea 787. Schon 790 hatte Karl die Abfassung der LIBRI CAROLINI veranlasst, die die (vom Papst Hadrian I. gebilligten) Konzilsbeschlüsse ablehnten und einen Führungsanspruch des Frankenreichs in der Gesamtkirche zum Ausdruck brachten.[114]

Karl der Große soll nach der Kaiser-Inszenierung vom Weihnachtstag im Jahr 800 in Rom erklärt haben, dass dies ein Fehler gewesen sei. Zur Zeit Karls des Großen waren Kirche und Papsttum

---

[112] Clark 1994, S. 32.

[113] Plantiko 2003.

[114] Der Große Ploetz. Die Daten-Enzyklopädie der Weltgeschichte. 34. neu bearb. Aufl. Frankfurt/Main 2005, S. 379.

nicht im allerbesten Zustand. Leo war 795 zum Papst gewählt worden. Sein Amtsvorgänger Hadrian I. hatte bereits gute Beziehungen zum Frankenreich aufgebaut. Leo führte diese Politik fort und ernannte Karl zum »patricius Romanorum«, zum Schutzherrn Roms. Die Familie von Leos Amtsvorgänger Hadrian stand allerdings in offener Feindschaft dem Papst gegenüber. 799 kam es zu einem Attentatsversuch gegen Leo, der jedoch fliehen konnte und unter dem Schutz fränkischer Begleitung nach Paderborn zu Karl gebracht wurde. Karl ließ auch Leos Gegner nach Paderborn kommen. Doch konnten die Vorwürfe gegen Leo nicht geklärt werden. Der Papst wurde wiederum unter dem Schutz fränkischer Gesandter, u.a. des Bischofs von Mainz, zurück nach Rom eskortiert. Als auch dort die Klärung der Vorhalte gegen Leo nicht vorankam, reiste Karl 800 selbst nach Rom und sorgte dafür, dass Leo seine Position festigen konnte.

Die Kaiserkrönung Karls durch den Papst stärkte freilich das Papsttum und gab den Vorwand für den Anspruch der Kirche auf die Oberhoheit über König und Kaiser. Der »Investiturstreit« zwischen Kirche und Staat, zwischen Papst und Kaiser bezog sich auf das Recht der Einsetzung von Bischöfen und Äbten in ihre geistlichen Ämter, die zugleich politische Ämter waren. Dieser Streit erreichte seinen Höhepunkt in der Exkommunikation Kaiser Heinrichs IV. durch Papst Gregor VII. und Heinrichs Bußgang nach Canossa Dezember 1076 bis Januar 1077[115].

Die Erdmutation vom 08.11.1007 (Abb. 13), die erste von insgesamt drei Passagen, zeigt im zugehörigen Horoskop neben Jupiter und Saturn auch den Mond im Zeichen Jungfrau (29.19 Grad), außerdem den Planeten Neptun im Zeichen Steinbock. Auffällig ist noch das Quadrat von Mars zu diesem Neptun und die Konjunktion von Sonne und Pluto im Skorpion, außerdem das gradgenaue Quadrat von Venus im Schützen zur Conjunctio Aurea selbst.

Mit der Betonung des Elements Erde tritt Materielles in vielerlei Hinsicht in den Vordergrund. Das Bestehende wird gesichert. Mit

[115] Vgl. https://de.wikipedia.org/wiki/Gang_nach_Canossa - Zugriff 19.03.2020.

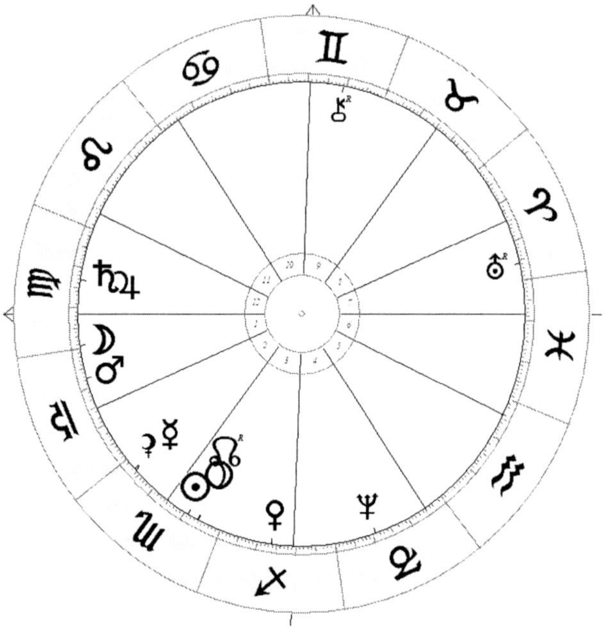

Abb. 13: Erdmutation, Conjunctio Aurea, 08. November 1007, 01.09.51 UT, Bodman, D

einer Jungfrau-Betonung in der Erdmutation geht es vor allem um Ernte, um Ernährung im weiteren Sinn, aber auch um technische Konstruktionen. Wir wollen den Mond, wie bei Mundan-Horoskopen üblich, als Hinweis auf »das Volk« nehmen. Mit der Erdmutation ab 1007 wurde durch neue landwirtschaftliche Methoden (Dreifelderwirtschaft), aber auch durch den Einsatz neuer Geräte (eiserner Radpflug, Entwicklung des Kummets anstelle des Jochs, und infolgedessen Einsatz der schnelleren Pferde anstelle von Ochsen als Zugtiere) der Bodenertrag erheblich gesteigert. Dies führte zu vergleichsweise hohem Wohlstand und zu einem beachtlichen Bevölkerungszuwachs.[116]

---

116 https://de.wikipedia.org/wiki/Dreifelderwirtschaft - Zugriff am 19.03.2020.

Die Romanik als typischer Baustil von Kirchen wird kunsthistorisch der Zeit um 1000 bis 1250 n. Chr. zugeordnet. Der Beginn der Romanik entspricht recht genau dem Datum der Erdmutation. Darauf weist auch Rüdiger Plantiko in seiner Darstellung hin[117]. Bis dahin waren Kirchen meist aus Holz gebaut worden. Nun war Religion, war Kirche (Neptun) »in Stein gemeißelt« (Neptun in Steinbock, Erdmutation). Stein ist ein typisches Baumaterial, das der Erde, insbesondere dem Steinbock, zugeordnet ist. Holz hingegen gehört zur vegetativen Natur und entspricht am ehesten Krebs.

Neptun in Steinbock und in Verbindung mit der Erdmutation als solcher zeigt symbolisch eine gefestigte (Steinbock) Religion (Neptun). Die Ewigkeit hatte sich konsolidiert, wenn man so sagen darf, sie war auf der Erde angekommen. Das gilt in einem geistlichen Sinn und in einem organisatorischen Sinn. Das Jahr der Erdmutation, 1007, ist in zeitlicher Nähe zum durchaus gefürchteten Jahr 1000, da sich die Kreuzigung von Jesus zum 1000. Mal jährte. Mancher glaubte, die Welt werde untergehen. Viele verkauften ihren Besitz, bereuten ihre Verfehlungen und taten Buße. Doch der Tag des Jahrtausendwechsels ging vorüber, ohne dass sich die Katastrophenprognosen erfüllten. In einer Chronik aus dem Jahr 1035, niedergeschrieben von dem burgundischen Mönch Rudolfus Glaber, hieß es:

> Uns Wissende, die wir lesen und schreiben können, hat das nicht überrascht. Denn wer die Texte der Gelehrten genau studiert hat, der weiß, dass alle diese Unheilsboten nicht auf das Ende der Welt hindeuteten, sondern auf einen großen Entscheidungskampf zwischen den Mächten des Bösen und des Lichts. Nach einem furchtbaren Ringen, so prophezeit etwa Methodios, werde das Gute dann siegen. Und es werde die tausendjährige Herrschaft eines gewaltigen Kaisers beginnen, der dieser Welt Frieden und Wohlergehen bringt.[118]

---

117 Plantiko 2003.

118 Zitiert n. https://www.martinschlu.de/kulturgeschichte/mittelalter/fruehmittelalter/jahrtausendwende.htm - Zugriff am 21.03.2020.

Es ist ein großer Unterschied zwischen verängstigten und zuversichtlichen Gläubigen. Zuversicht schafft Sicherheit und Stabilität. Nachdem das gefürchtete Jahr 1000 vorüber war, begann man in großem Umfang, Kirchen aus Stein zu erbauen. Die Kathedrale als ehrfurchtgebietender Großbau wurde nun gewissermaßen erfunden und stellte ein gewaltiges ästhetisches Ideal dar(Venus in Schütze, im Quadrat zur Conjunctio Aurea selbst). »Wir machen uns nicht immer klar, dass all dies ganz plötzlich geschah – innerhalb einer einzigen Generation.«[119] Zugleich hatte die Kirche von ihrer Stärke und Organisation her zu neuer Stabilität gefunden.

> Die Kirche war aus allen möglichen Gründen mächtig geworden: sie litt nicht unter vielen der Nachteile des Feudalismus; Erbteilungen gab es nicht. So konnte sie ihre Besitztümer bewahren und erweitern. Die Kirche war aber auch aus positiven Gründen mächtig geworden: es war ganz normal und natürlich, dass intelligente Männer den Stand des Geistlichen erwählten und so aus der Dunkelheit der unteren Schichten zu Positionen von unermesslichem Einfluss aufsteigen konnten. Trotz der großen Zahl von Bischöfen und Äbten aus königlichen oder fürstlichen Familien war die Kirche eine von Grund auf demokratische Institution, wo Fähigkeiten – administrative, diplomatische und rein intellektuelle Fähigkeiten – den Weg nach oben bahnten. Außerdem war die Kirche international.[120]

Mars im Quadrat zu Neptun ist das astrologische Bild der Kreuzzüge, die in dieser Epoche begannen. Im November 1095 rief Papst Urban II. die Christenheit zum Kreuzzug ins Heilige Land auf. Urban forderte dazu auf, die Muslime von dort zu vertreiben und in Jerusalem die heiligen Stätten der Christenheit in Besitz zu nehmen. Tatsächlich wurde Jerusalem 1099 von den Kreuzfahrern erobert. Schon seit 1059 hatte die Kirche begonnen, Feldzüge zu unterstützen und Waffengewalt dogmatisch zu legitimieren. Oft lagen die Interessen der kriegsführenden Parteien und die der kämpfenden Truppen weit auseinander. Die beiderseitigen Machthaber verfolgten

---

[119] Clark 1994, S. 47.
[120] Clark 1994, S. 49 f.

unter anderem machtpolitische Interessen. Die Kreuzfahrer selbst glaubten zumeist an einen ehrenvollen, ja, heiligen Kampf für Kirche und Gott. Dies hinderte sie allerdings nicht daran, oft so brutal gegen die Zivilbevölkerung vorzugehen, dass dies bis heute den betroffenen Völkern im Gedächtnis geblieben ist. Sehr bald rief die Kirche nicht nur zum Krieg gegen die Muslime in Heiligen Land auf, sondern auch gegen »Ketzer« im eigenen Land«.[121] Diese Brutalisierung des Christentums und der Kirche mag sich astrologisch in der Sonne/Pluto-Konjunktion spiegeln.

Eine »moderne« Übersetzung von Sonne/Pluto im Skorpion könnte »Machtmissbrauch« sein, Missbrauch (Pluto, Skorpion) einer herrscherlichen Macht (Sonne); und da diese Konjunktion bei Horoskopen, die für Mittel- und Südeuropa gelten, in das 3. Haus fällt, kann der Machtmissbrauch (Sonne, Pluto) viel mit der öffentlichen Lehre, mit dem alltäglichen Fürwahrhalten zu tun haben. Die Stellung im 3. Haus gilt auch für Rom, das Zentrum der lateinischen Papst-Kirche. Die Erdmutation hat zu tun mit Festigung, mit Konsolidierung. Die Kirche hat Anteil daran; fatal ist jedoch, dass die Konsolidierung der Macht offenkundig durch Missbrauch der Macht erreicht wird, durch Brutalisierung und Terror (Pluto, Sonne) im Namen der Lehre (3. Haus).

Im Element der Luft geht es um Ideen und Ideologien, um geistige, aber auch um physische Beweglichkeit. Die materielle Grundlegung wird weniger beachtet, Luft nimmt ideell gern vorweg, ohne wirklich zu erproben und zu prüfen. Im positiven Sinn gelingt dem Luft-Element der große theoretische und damit auch praktikable Entwurf, im negativen Sinn erweist sich der große Entwurf als nicht genügend durchdacht und versinkt rasch in Bedeutungslosigkeit. Das gilt auch für politische Gebilde. Reiche wachsen zu Großreichen, zu Weltmächten, doch fehlt es an innerer Stabilität. Das Mongolenreich, von Dschingis Khan ab 1190 zusammengerafft, überlebte den Tod seines Schöpfers nicht sehr lange.

---

121 Vgl. https://de.wikipedia.org/wiki/Kreuzzug - dort auch das Zitat. – Zugriff am 21.03.2020.

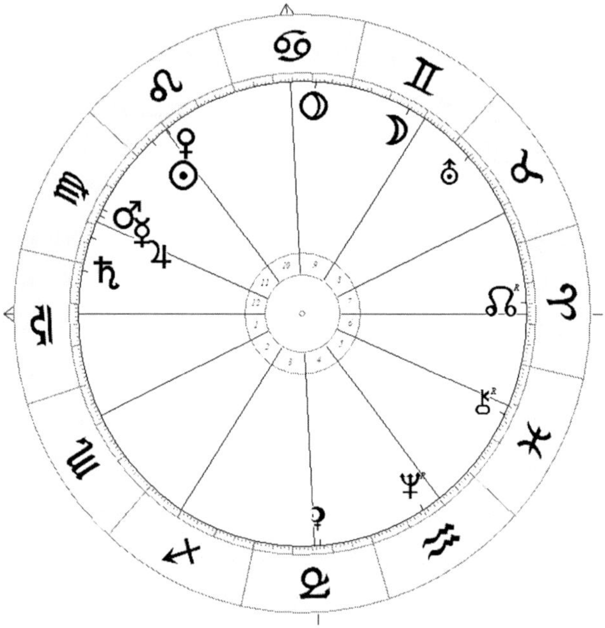

Abb. 14: Luftmutation, Conjunctio Aurea, 08. November 1186, 08.46.34 UT, Bodman

In seiner Zwillingsausprägung vertritt das Luft-Element die bodennahe Vernunft und Wissenschaft, die kluge Differenzierung und Forschung. In seiner Wassermann-Ausprägung strebt das Luft-Element wahrhaft nach oben gen Himmel. In seiner Waage-Ausprägung verbindet das Luft-Element gewissermaßen Erde und Himmel durch das Prinzip des Ausgleichs und der Schönheit. Der Dreiklang des Luft-Elements ist Klugheit, Schönheit und Geist.

Die Luftmutation von 1186 geschieht im Zeichen Waage, allerdings mit deutlicher Beimischung wassermännischer bzw. uranischer Anteile. Direkt im Trigon mit der Jupiter/Saturn-Konjunktion steht Neptun. Wir setzen auch hier Neptun als Symbol von Religion und Kirche. Die Kirche und ihre Kirchen lassen schrittweise seit 1140 den wuchtigen romanischen Baustil hinter sich und beginnen Gotteshäuser zu bauen, die wahrhaftig in den Himmel zu streben scheinen. Die Epoche der Gotik hebt an.

Ähnlich wie bei der Erdmutation spielt die Venus im Zeichen Schütze eine wichtige Rolle. Ästhetisch (Venus) geht es um etwas Großes, Großartiges (Schütze), das mit dem Zeitgeist selbst (Venus Sextil Jupiter/Saturn-Konjunktion) verknüpft ist, zugleich aber auch die Ewigkeit (Neptun) ästhetisch erfahrbar macht (Venus Sextil Neptun). Ganz nebenbei: Venus und Jupiter stehen in Rezeption, Saturn befindet sich im Zeichen seiner Erhöhung.

Die Sonne/Merkur-Konjunktion im Zeichen Skorpion deutet hin auf tiefschürfende (Skorpion) gedankliche (Merkur) Arbeit am Wesentlichen (Sonne). Das nachdenklich-kritische Erkennen und das subjektive Wollen sind noch sehr nahe beieinander. Es fehlt möglicherweise so etwas wie kritisch-selbstkritische Distanz (Merkur von der Sonne »verbrannt«). Aber es kann und darf bereits kühn gedacht und geforscht werden (Sonne/Merkur-Konjunktion in Opposition zum Uranus). Dem entspricht auch Neptun in Wassermann im Trigon zur Conjunctio Aurea selbst. Das 12. und 13. Jahrhundert ist die Zeit der Hochscholastik. »Scholastik« bezeichnete eine logisch-dialektische Methode, die im Universitätsbetrieb dieser Zeit als einzige wissenschaftlich akzeptierte Vorgehensweise galt.

> Sie bestand in einer Weiterentwicklung der antiken Dialektik, der Lehre vom richtigen (wissenschaftlich korrekten) Diskutieren. Da die scholastische Methode vom Wissenschaftsverständnis und der Logik des Aristoteles geprägt war und seine Schriften die wichtigsten Lehrbücher waren, war der Einfluss dieses Philosophen sehr groß. Man kann aber Scholastik nicht mit Aristotelismus gleichsetzen. ... Im Prinzip konnte ein Scholastiker jeden Standpunkt vertreten, wenn er ihn nur methodisch sauber begründete. Praktisch wurde erwartet, dass man auf die Lehren der Kirche Rücksicht nahm, was die Mehrheit der Scholastiker auch tat.[122]

Letztlich ging es darum, Vernunft und Glauben miteinander zu versöhnen:

---

[122] https://de.wikipedia.org/wiki/Scholastik - Zugriff am 23.03.2020.

> Die scholastische Methode will durch Anwendung der Vernunft, der Philosophie auf die Offenbarungswahrheiten möglichst Einsicht in den Glaubensinhalt gewinnen, um so die übernatürlichen Wahrheit dem denkenden Menschengeist inhaltlich näherzubringen, eine systematische, organisch zusammenfassende Gesamtdarstellung der Heilswahrheit zu ermöglichen und die gegen den Offenbarungsinhalt vom Vernunftstandpunkt aus erhobenen Einwände lösen zu können.[123]

Bedeutsam war die Erarbeitung von »Summae«, von Gesamtdarstellungen. Hier nahmen die »Summae theologiae«, die theologischen Gesamtdarstellungen, einen besonderen Raum ein. Herausragende Vertreter der Scholastik waren zugleich große Kirchenlehrer. Für die Hochscholastik sind etwa Albertus Magnus (um 1200 bis 1280), Thomas von Aquin (1225–1274), Johannes Duns Scotus (um 1266 bis 1308) und Wilhelm von Ockham (um 1288 bis 1347) zu nennen.

Das Horoskop der Wassermutation umfasst eine Zeitspanne von nahezu 300 Jahren. 1305 steht die Jupiter/Saturn-Konjunktion erstmals wieder in einem wässrigen Zeichen, nämlich Skorpion. Spätmittelalter, Renaissance und das Zeitalter der Reformation fallen unter die Wassermutation von 1305. In diese Zeit fallen die Große Pest und die großen Seefahrten von Columbus und anderen, fällt die unselige Conquista in Mittel- und Südamerika. Es ist zugleich eine Zeit der Aufstände, der sozialen Unruhen, der lokalen und regionalen Kriege. Und es ist eine Zeit, in der sich das Bild vom Menschen wandelt: Der Mensch lernt, »Ich« zu sagen. Zugleich bewegt sich der Umgang mit Wissen auf bemerkenswerte Weise weg von »abgeschlossenen oder dogmatischen Lehrgebäuden«, die man zum Beispiel aus der biblischen Offenbarung ableitete, hin zum unabgeschlossenen Wissen, das aus unentwegt neuem Forschen und Fragen resultiert.

Skorpion ist das Zeichen des Wandels. Es handelt sich um einen

---

[123] http://www.kathpedia.com/index.php/Scholastik#Hochscholastik_.2813._Jahrhundert.29 – Zugriff am 23.03. 2020.

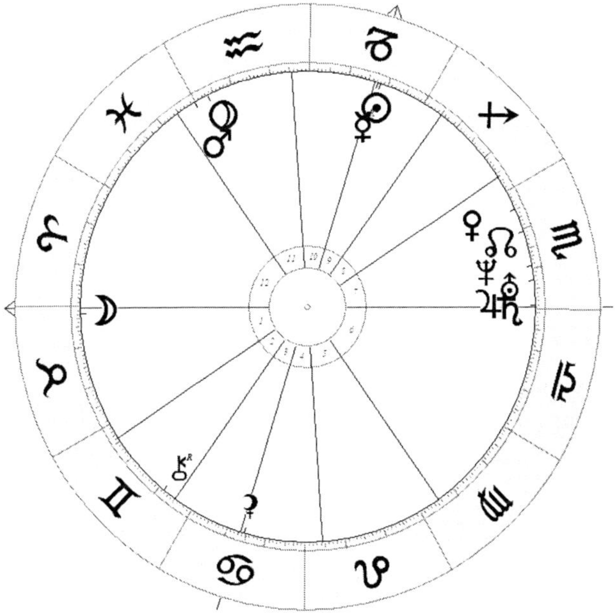

Abb. 15: Wassermutation, Conjunctio Aurea, 25. Dezember 1305, 12.00.16 UT, Paris, F

Wandel, der nur auf dem Weg über den Tod erreicht werden kann. Die Wassermutation von 1305 zeigt Jupiter, Saturn, Uranus, Neptun sowie den aufsteigenden Mondknoten *und* die Venus im Skorpion. Der Wandel auf dem Weg über den Tod: Buchstäblich geschah dies in den Jahren der Großen Pest. Die Krankheit wurde aus dem Mittelmeerraum ins Abendland eingeschleppt. In ihrer verheerendsten Verlaufsform dauerte die Krankheit vom ersten Symptom bis zum Tod einen Tag. Der Pesterreger wurde über Flohbisse übertragen. Ratten wiederum waren die Wirtstiere der Pestflöhe – eine geradezu perfide, heimtückisch-aggressive Übertragungskette, astrologisch erkennbar vor allem in der Mars/Pluto-Konjunktion. Pluto und Skorpion spielen auch eine Rolle bei der Ausbreitung der »Franzosenkrankheit«, der Syphilis. Die Krankheit wurde Ende des

15. Jahrhunderts aus Übersee nach Europa eingeschleppt, eventuell durch die Conquista der Spanier in Mittel- und Südamerika. Hier können wir astrologisch die Skorpion-Venus der Wassermutation als Hinweis nehmen, zumal ein Venus/Pluto-Quadrat gilt, an das die Mars/Pluto-Konjunktion angereiht ist. Die Syphilis nahm während der nächsten 50 Jahre in Europa epidemische Ausmaße an.

Bis auf Pluto stehen alle Langsamläufer im Zeichen Skorpion und außerdem noch der aufsteigende Mondknoten. Das mag ein Hinweis darauf sein, dass sich nun tief greifende Wandlung auf ganzer Linie und in (fast) jeder Hinsicht anbahnte. Der universal gebildete, feinfühlige und zugewandte »Renaissancemensch« verkörpert diesen Wandel ebenso wie der typische Bilderstürmer der Reformation. Nichts und niemand bleibt im Lauf der nahezu 300 Jahre unter der Wassermutation von der Veränderung ausgenommen.

Mond in Opposition zur Jupiter/Saturn-Konjunktion könnte auf die vielfältigen Spannungen zwischen Volk (Mond) und Herrschern (Conjunctio Aurea) hindeuten. Zunächst deutet der Mond im Zeichen Stier, in dem der Mond als »erhöht« gilt, auf zunehmende Wohlhabenheit des Volkes hin. Dies hatte eng zu tun mit dem Aufstieg einer urbanen Kultur im Hoch- und Spätmittelalter. Grob gesprochen: Auf dem Land herrschte die starre Ständeordnung. Die Städte hingegen boten ein sehr durchlässiges soziales System. »Stadtluft macht frei«, lautete das Motto, und zwar in durchaus wörtlichem Sinn. Viele Leibeigene setzten sich von ihren jeweiligen »Grundherrschaften« ab und tauchten in Städten unter, unauffindbar für den jeweiligen Grundherrn. Vielerorts kam es zu dem Rechtsbrauch, dass ein ehemaliger Leibeigener »nach Jahr und Tag«, also nach Ablauf eines Jahres, als frei galt und prinzipiell in der Stadt neu anfangen konnte. Freilich war das mit der Notwendigkeit verbunden, das Bürgerrecht zu erwerben, was wiederum ein Mindestmaß an Besitz erforderte.

Vorwiegend waren es natürlich »Handel und Wandel«, die den Städten und ihrer Bevölkerung Wohlhabenheit und Brot brachten. Entsprechend selbstbewusst traten die Kaufleute auf. Die deutsche Hanse war zunächst ein Zusammenschluss von Kaufleuten, denen es um die Sicherheit bei Überfahrten und um die Vertretung gemeinsamer Interessen ging. Im 14. Jahrhundert entwickelte sich aus der »Kaufmannshanse« die (nord-)europäische »Städtehanse«, in der viele Städte zusammengeschlossen waren und die wirtschaftlich, kulturell und politisch großen Einfluss nahm. Man kann den Stiermond in Opposition zu der Jupiter/Saturn-Konjunktion als schrittweise Emanzipation des Volkes vom herrschenden Adel, von der Bevormundung durch die Kirche auffassen. Bauernaufstände, die auch zur Wassermutation seit 1305 gehören, sind nur scheinbar weit entfernt von den politischen Machinationen selbstbewusster Kaufleute. Für beide gilt, dass hinter ihnen Menschen stehen, die ihr Schicksal selbst in die Hand nehmen.

Die (weite) Uranus/Neptun-Konjunktion kann als Hinweis auf vielfältige Unruhe (Uranus) im Bereich der Kirche, der Religion (Neptun) betrachtet werden. Diese Unruhe führte schließlich den Wandel (Skorpion) herbei, führte zur Rebellion. Die Geißler in den Pestjahren waren noch eine mittelalterlich-fromme Bewegung. Aber die vielfältigen vorreformatorischen Bewegungen, die auf die Geißler folgten, sei es in England (Wyclif), sei es in Böhmen (Hus), waren Phänomene, die inhaltlich bereits die Reformation vorwegnahmen. Diese prägte dann das letzte Jahrhundert unter der Wassermutation von 1305.

Ähnlich wie die Luftmutation 1186 weist auch die Wassermutation 1305 eine enge Konjunktion von Sonne und Merkur auf. Auch hier ist Merkur »verbrannt«. Allerdings ist Merkur rückläufig, und die Konjunktion fällt hier ins Zeichen Steinbock. Die Zivilisation des Mittelalters war weitgehend eine Zivilisation des Bildes. Das einfache Volk konnte nicht lesen. Umso wichtiger waren Bilder als der einzige Zugang, der dem Laien zum Glauben an Christus und zu den Lehren der Kirche zur Verfügung stand. Die Reformatoren freilich zerschlugen und zerstörten die Bilder in den Kirchen. Es sollte die Reinheit des »Wortes« gelten, die Heilige Schrift allein: *sola scriptura!*

Die Reformatoren predigten das »Wort Gottes« und betrachteten sich darum als Vertreter einer »Kirche des Wortes«. Diese Kirche des

Wortes ist karg geworden und kalt. Diese Kargheit und Kälte scheint mir für Steinbock zu passen. Die Reformation ist die Geburt einer Zivilisation des Wortes. Diese Zivilisation kann nur noch beschränkt mit Bildern und Symbolen umgehen. Lesen und Schreiben (Merkur) wird jetzt zur Pflicht (Steinbock). Steinbock hält zum Fleiß an. Wen wundert es da, dass die protestantischen Kirchen durch die Bank die Arbeit heiligsprechen. Die katholische Kirche hingegen kannte in ihrem Kalender zeitweise über 200 Heiligenfeste. Das waren Feiertage, an denen nicht gearbeitet werden *durfte*.

Außerdem, Steinbock hält zum Realismus an. Von Fantasie ist eine Rede, nach Geschichten und Gleichnissen sucht man beim Steinbock-Merkur vergebens. Der Steinbock-Merkur ist präzise in Wort und Schrift, geht streng methodisch vor. Der Steinbock legt viel Wert auf formale Bildung: Wissen ist Macht; der Steinbock ist ja auch ein Herrschaftszeichen. Die Rückläufigkeit des Merkur und seine verbrannte Stellung dicht bei der Sonne deuten zugleich an, dass die »Zivilisation des Wortes« auch ihre Tücken und Probleme hat. Die Macht des Wortes hat im 15. und 16. Jahrhundert ganz Europa umgepflügt.[124]

Was für ein Aufbruch mit der Feuermutation 1603! Das Horoskop

---

[124] Die »Medienrevolution« durch die Erfindung des Buchdrucks begünstigte diese Entwicklung natürlich. »Der Vorzug des Wortes ist, dass es zum Träger von Geist und Bildung werden kann. Die Gefahr des Wortes freilich ist, dass es dabei seine Seele verliert und dass Herz und Gemüt auf der Strecke bleiben. Die Macht des Wortes bestimmt seit der Reformation die wissenschaftliche Bildung. Wir ahnen wahrscheinlich gar nicht, wie sehr wir Geistesgewandtheit und Weltgewandtheit mit Wortgewandtheit und Begriffsgewandtheit gleichsetzen. Schon der Apostel Paulus warnt vor der tödlichen Gefahr, die vom ›Buchstaben‹ ausgeht (2. Kor., 3, 6). Wir ahnen wahrscheinlich gar nicht, wie gering wir diejenigen schätzen, die sich nicht auszudrücken wissen. Unserem Blick sind ungeheure Schatzhäuser an Bildern und Symbolen verborgen, die wir nicht mehr zu betreten wissen, weil uns die Bilderschlüssel fehlen.« – Christoph Schubert-Weller: Die Epoche der Reformation, in: Beatrice Ganz (Hrsg.): Astrologie, Spiritualität und Reformation. Himmelskunde als Lebens- und Weltdeutung. Tübingen 2018, S. 61.

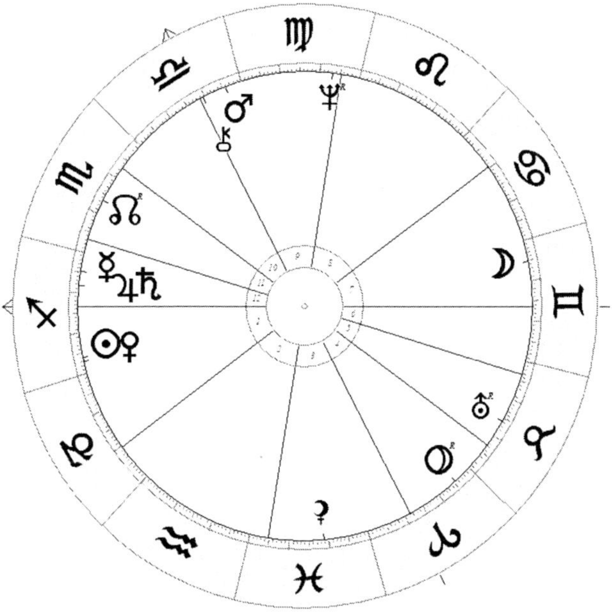

Abb. 16: Feuermutation, Conjunctio Aurea, 18. Dezember 1603, 06.56.17, Paris, F

der Feuermutation zeigt neben Jupiter und Saturn im Schützen auch Sonne, Merkur und Venus in diesem Zeichen, das für Begeisterung und Enthusiasmus steht. Zudem weist das Horoskop eine Vollmondstellung auf, was den Schwung noch steigert. Pluto im Widder entspannt und intensiviert zugleich die Oppositionsstellung von Sonne und Mond. – Und doch, wie missglückt erscheint der Feuer-Neustart! Das erste Viertel dieser Epoche wird verheert und vertan mit dem unglückseligen Dreißigjährigen Krieg.

Freilich, der Krieg untersteht Mars, und für weite Teile Europas gilt, dass im Horoskop der Feuermutation Mars im 9. Haus steht. Da wird um der Religion willen gekämpft und geeifert. Der Dreißigjährige Krieg war ein Religionskrieg, der Europa verwüstete.

Eine grobe Faustregel in der Geschichtswissenschaft lautet: Die

»Neuzeit« beginnt um 1600. Das passt ganz ausgezeichnet zur Feuermutation 1603 bei Jupiter und Saturn. Mit Beginn der Neuzeit ändert sich der Umgang mit Wissen und Wissenschaft. Wissen, wie schon gesagt, wird nicht mehr aus geschlossenen, sakrosankten Systemen abgeleitet, sondern aus unvoreingenommener Forschung. Wissen ist nach vorn hin offen, und diese Offenheit macht, dass Wissen geradezu explosiv zunimmt. Der neue Umgang mit Wissen und Wissenschaft hat auch eine ethische Konsequenz. Immanuel Kant hat die Moral aus diesem neuen Umgang listig und zuversichtlich zum Ausdruck gebracht: »Habe Mut, Dich Deines Verstandes zu bedienen.« Astrologisch entspricht das der Dreier-Konjunktion von Merkur mit der Jupiter/Saturn-Konjunktion im Schützen.

Diese Dreier-Konjunktion steht im Quadrat zum Jungfrau-Neptun. Religion und Kirche (Neptun) stellen sich quer zu dieser explosionsartigen Vermehrung des Wissens. Der Aufbruch, für den vor allem die Aufklärung steht, wird seitens der Kirche mit Ablehnung bedacht. Das bedeutet nicht, dass die römische Kirche nur schwach oder unbedeutend gewesen wäre. Die mehr oder weniger gelungene theologische Aufarbeitung der Reformation war bereits mehrere Jahrzehnte zuvor beim Konzil von Trient (1545 bis 1563) geschehen! Schon seit Beginn des 16. Jahrhunderts plante das päpstliche Rom den gewaltigen Neubau des Petersdoms. Das Vorhaben wurde durch den sogenannten Peterspfennig finanziert sowie durch den hemmungslosen Verkauf von Ablässen. Prunkneubau, Peterspfennig, Ablasshandel – sie lieferten den Reformatoren ja die Kernargumente gegen Rom! Rund hundert Jahre später war der ehrgeizige Bau bereits weit gediehen, aber es war erst Gian Lorenzo Bernini, genialer Architekt und Bildhauer, der seit 1624 als Baumeister am Petersdom den Dom selbst und den Petersplatz mit seinen Kolonnaden so gestaltete, wie wir sie auch heute kennen.

Rüdiger Plantiko weist darauf hin, dass die Merkur/Saturn-Konjunktion astrologisch als »Mathematikerkonstellation« gilt. Dem entspricht die Entwicklung der Infinitesimalrechnung, die Isaac Newton und Gottfried Wilhelm Leibniz unabhängig voneinander erarbeiteten.[125] – Zugleich gilt die Merkur/ Jupiter-Konjunktion als Philosophen-Konstellation.[126] Da werden Mathematik und Philosophie in einem astrologischen Atemzug genannt. Für Leibniz darf dies mit Sicherheit so gelten. Die Philosophie sucht nach Wahrheiten (Jupiter). Und im Zuge der Aufklärung suchte die Philosophie

> nach einer Wahrheit, die sich mit dem Verstand, nicht mit dem Gefühl begreifen ließ. Das war entweder möglich durch die Häufung beobachteter Fakten oder durch die Mathematik; den Menschen des 17. Jahrhunderts bot die Mathematik die anziehendere Lösung. Mathematik (Merkur, Saturn) wurde zur Religion (Jupiter) der besten Geister der Zeit.[127]

Die explosive Zunahme von Wissen spiegelt sich auch im Zwillings-Mond. Mond, von Merkur disponiert, und Jupiter, von Merkur kontaktiert, sind zwei Wachstumsfaktoren, die umgekehrt dem pragmatischen Merkur Farbe und Glanz verleihen. Aufklärung als Motiv und Thema der Philosophie ist nur die eine Seite von Merkur. Dieser mit Mond und Jupiter verknüpfte Merkur ist nicht mehr nur der pragmatisch-sachliche Merkur, sondern auch der literarische Merkur. Literatur und Theater erleben unter dieser Feuermutation einen unglaublichen Aufschwung bis hin zur Klassik eines Goethe, eines Schiller.

Aufbruch und Aufschwung nehmen auch Musik, Architektur und bildende Kunst – Sonne in Konjunktion mit Venus, verstärkt durch die Oppositionsstellung des Mondes. Grob gesprochen umfassen die knapp 200 Jahre unter der Feuermutation von 1603 zwei große Epochen der Musik – Barock und Klassik. Johann Sebastian Bach, Georg Friedrich Händel, Antonio Vivaldi, Joseph Haydn, Wolfgang Amadeus Mozart, Ludwig van Beethoven – diese Namen stehen für eine musikalische Genialität, wie sie davor und danach

---

125 Plantiko 2003. Leibniz publizierte seine Arbeit 1684, Newton 1687. – Nach meinen Beobachtungen gehören auch Mars und Uranus häufig mit zur astrologischen Anzeige mathematischer Themen und Begabungen. Mars ist im Bild der Feuermutation tatsächlich entsprechend integriert (Sextil Merkur).

126 Plantiko 2003.

127 Clark 1994, S. 231.

nicht erreicht wurde. In dieser Zeit entwickelt sich die Oper zu dem Gesamtkunstwerk, als das sie dann vor allem das 19. Jahrhundert prägt.

Über fast alle kulturellen Errungenschaften in der Zeit der Feuermutation kann man in tiefes Staunen geraten, weil nie zuvor – und nachher erst recht nicht – solche Größe, solcher Glanz und solche Vollendung erreicht wurden.

Das abschließende Feuerwerk, wenn man so sagen darf, bietet in der Epoche der Feuermutation die Französische Revolution. Deren Ergebnisse, zumal deren Besitzverschiebungen, sind im Wesentlichen 1799 gesichert.[128] Unter der Erdmutation 1802 wird Europa freilich zunächst in den Napoleonischen Kriegen durcheinandergewürfelt, bevor der Stabilisierungseffekt der Erdmutation greift. Der Wiener Kongress 1814/1815 nach dem Sturz Napoleons ist der Versuch, Europa in der Tat zu stabilisieren. Und man muss sagen, dass unter diese Erdmutation neben den Napoleonischen Kriegen des 19. Jahrhunderts auch die beiden Weltkriege 1914 bis 1918 und 1939 bis 1945 fallen, mit anschließenden Stabilisierungsversuchen und Neuordnungen. Unter der Erdmutation geht es um Sicherung von Besitz. Wir müssen uns eigens in Erinnerung rufen, dass diese Epoche von 1802 bis 1980 reicht, also bis in unsere Gegenwart. Während der Erdmutation wird um jeden Fetzen Besitz, um jede Handbreit Boden gestritten. Beispielhaft dafür ist auch der imperiale Kolonialismus im ausgehenden 19. Jahrhundert, der »Wettlauf um die Kolonien«, der die europäischen Staaten mehrfach an den Rand eines Krieges gegeneinander bringt, bis es dann 1914 so weit ist.

Erst nach 1980, mit der Luftmutation, haben wir in Europa mit dem »Mauerfall« und der Beendigung des Kalten Krieges (1989), aber auch mit der Installation der Europäischen Union eine Neuordnung ohne Besitzgier, ohne Waffengeklirr erlebt.

Die Erdmutation 1802 zeigt die Jupiter/Saturn-Konjunktion auf rund 5° Jungfrau in Opposition zu Mond (01.27 Fische) und Pluto

---

128 Napoleon Bonaparte im Jahr 1799: »Bürger, die Revolution ist auf die Grundsätze gebracht, von denen sie ausging; sie ist beendet.«

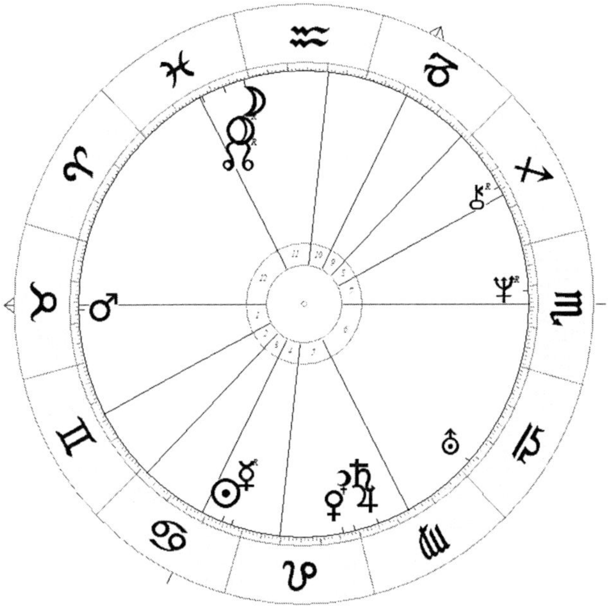

Abb. 17: Erdmutation, Conjunctio Aurea 1802, 17. Juli 1802, 22h 48m 40s, Berlin, D

(06.48 Fische) und in Konjunktion mit Lilith (interpoliert – 02.39 Jungfrau). Mond steht damit auch in Konjunktion mit Pluto. Die Menschen, die Völker (Mond) geraten in Bedrängnis (Pluto), und nicht ganz selten ist eine Mond/Pluto-Verbindung ein Hinweis auf ein Opfer, das erbracht werden muss. Mit etwas anderen Worten: Es sind die Völker, die »Massen« (Pluto/Mond), die das Opfer bringen müssen, ob es sich nun um den Blutzoll handelt, der in kriegerischen Zeitläuften zu entrichten ist, oder ob es um die »Sozialisierung«[129] von ökonomischen Krisen geht.

Jupiter/Saturn im Erdzeichen Jungfrau begünstigt den Vorrang des Materiellen bzw. den Vorrang einer materialistischen Weltsicht.

---

129 Salopp erklärt: »Die Zeche zahlt der kleine Mann.«

»Materialismus« ist jene erkenntnistheoretische Sichtweise, die auch Gedanken, Gefühle und Bewusstsein auf Materie zurückführt. Der Materialismus des 19. Jahrhunderts führt zu einer materialistisch-mechanistischen Weltsicht in den Naturwissenschaften. Diese Sichtweise wird zwar schon mit der Entwicklung der Quantenphysik im ersten Viertel des 20. Jahrhunderts infrage gestellt. Sie prägt jedoch die akademischen Naturwissenschaften bis heute. Andererseits gewinnt eine nicht-materialistische Perspektive auf die Wirklichkeit gegen Ende der Erdmutation seit den 70er-Jahren des 20. Jahrhunderts stetig an Gewicht.

Das Zeichen Jungfrau hat zu tun mit Detailgenauigkeit, mit Akribie, mit präziser Messtechnik, mit der Trennung von Spreu und Weizen. Es ist das Zeichen der Perfektion und der Kontrolle und zugleich der Fürsorge, auch im Sinn von Wartung und Reparatur. Dieses ganze System gerät nun durch die Opposition von Mond und Pluto aus dem Zeichen Fische unter Druck. Bei den Fischen geht es in mancher Hinsicht ganz anders zu: Da gibt man zwar ebenfalls sein Bestes, aber an die Stelle der Präzision tritt die Intuition, an die Stelle der Detailgenauigkeit tritt die Gesamtschau, an die Stelle der Kontrolle tritt die Ahnung, an die Stelle der Experten treten die Gurus und im schlimmstmöglichen Fall die Verführer. Die Erdmutation von 1802 stellt mit der Mond/Pluto-Konstellation in Opposition zur Conjunctio Aurea selbst auf symbolische Weise das beständige Ringen zwischen sachlicher Vernunft und der irrationalen Sehnsucht nach dem Verborgenen dar. Es ist zugleich das Ringen um das, was es ohne Zweifel gibt, und zugleich um das, was es nicht geben kann und nicht geben darf und dennoch zu geben scheint. Es ist das Ringen um das, was der Durchschnittsmensch um seiner geistigen Gesundheit willen möglichst außer Betracht lassen möchte, aber nicht außer Betracht lassen kann. Einerseits werden die exakten Wissenschaften auf die Spitze getrieben. Andererseits wandert die Erdmutation 1802 gleichsam durch die Nebel des Widersprüchlichen und Paradoxen.

Dieses Ringen bestimmt entscheidend das Antlitz mancher Wissensgebiete. Die Psychoanalyse will das Verborgene, das

Unbewusste aufdecken, aber bitte unter der unabdingbaren Perspektive naturwissenschaftlicher Vernunft – jedenfalls ist dies die Haltung von Sigmund Freud selbst. Aus der Sicht der Naturwissenschaften aber ist die Psychoanalyse reiner Tiefenschwindel: nach dem treffenden Aphorismus von Karl Kraus »diejenige Geisteskrankheit, für deren Therapie sie sich hält«. Und doch wird niemand bestreiten, dass die psychoanalytische Sichtweise unser Bild vom Menschen tief beeinflusst hat.

Die Religion wird zum Aberglauben gestempelt; selbst die Theologie findet sich unversehens auf der Seite der Vernunft wieder (und hat sich davon bis heute nicht mehr erholt).[130] Wenn es nach den Kirchen gehen soll, dann hat Gott aufgehört, Gegenstand menschlicher Erfahrung und menschlicher Sehnsucht zu sein. Dieser merkwürdige Widerstreit mag sich auch in der Mars/Neptun-Opposition zeigen, wobei wir wieder Neptun als das Symbol für Glauben, Spiritualität, Transzendenz und damit als Symbol für Religion betrachten. Diese ist zeitgeschichtlich einem tiefen Wandel unterworfen (Neptun in Skorpion), sie wird nunmehr bekämpft (Mars), und zwar beharrlich (Mars in Stier) und vorwiegend mit materialistischen Argumenten (Erdmutation, Stier).

Gleichzeitig ist spätestens in der zweiten Hälfte des 19. Jahrhunderts die geistige Luft von spirituellen Um- und Aufbrüchen erfüllt: Spiritismus seit 1848, die vielfältigen Ansätze der Christian Science (seit etwa 1866) und des New Thought (Unity – seit 1889), die Gründung der Theosophischen Gesellschaft (1875).

Wer ins Offene will, muss durch den Zauberwald der Paradoxien gehen. Wer ins Offene will, muss ein paar Gewissheiten seines akademischen Köhlerglaubens hinter sich lassen. *Science Fiction* wird zur Sonde, die der Mensch in die Zukunft schickt und die aus der Zukunft Signale und Informationen in unsere Gegenwart sendet. Was wir heute *Science Fiction* nennen, dürfte mit den entsprechenden

---

130 Man denke für die Theologie an David Friedrich Strauss' historisch-kritische Aufarbeitung des »Lebens Jesu« (1835/36) und an das Bultmannsche »Entmythologisierungsprogramm« (seit 1941).

Romanen von Jules Verne in der zweiten Hälfte des 19. Jahrhunderts begonnen haben. In der *Science Fiction* verschmelzen technische Vernunft und irrationale Fantastik. Beides aber gehört zur Signatur der Erdmutation von 1802.

Die beinharten Natur- und Formalwissenschaften werden um die Wende zum 20. Jahrhundert mit Widersprüchen und Paradoxien im jeweils eigenen Haus konfrontiert. Noch eher harmlos geht es im Bereich der Mathematik zu, die sich im Zusammenhang mit mathematischer Logik und Mengenlehre mit tatsächlichen und scheinbaren Widersprüchen auseinandersetzen muss. Bertrand Russells »Barbierparadoxon« und »Hilberts Hotel« des Göttinger Mathematikers David Hilbert zeugen von den damaligen Problemen der formalen Logik.[131] Die Entdeckung der »nicht-euklidischen Geometrien« zu Anfang des 19. Jahrhunderts eröffnet eine Präzisierung und Differenzierung der Raumerfahrung, auch wenn es vordergründig um die Frage nach Notwendigkeit und Gültigkeit des sogenannten Parallelen-Axioms in der euklidischen Geometrie geht. Nicht-euklidische Geometrie spielt später in Einsteins Relativitätstheorie eine wichtige Rolle.[132]

Paradoxien auch in der Physik. Die Relativitätstheorie (1905) beweist, dass die uns vertraute Raum-Zeit-Wahrnehmung keine universelle Gültigkeit hat. Die Heisenberg'sche Unschärferelation aus dem Jahr 1927 besagt, dass zwei komplementäre Eigenschaften

---

[131] Das Barbierparadoxon lautet: »Der Barbier rasiert alle Männer im Dorf, die sich nicht selbst rasieren. Wer rasiert den Barbier?« – »Hilberts Hotel« ist dasjenige mit den unendlich vielen Zimmern. Eines Abends ist das Hotel komplett belegt … und kann paradoxerweise trotzdem noch unendlich viele Gäste mehr aufnehmen.

[132] Das Parallelenaxiom besagt: »In einer Ebene gibt es zu jeder Geraden g und jedem Punkt P außerhalb von g genau eine Gerade, die zu g parallel ist und durch P läuft.« Parallel bedeutet, dass die Geraden in einer Ebene liegen und keinen Punkt gemeinsam haben. Wegen seiner Komplexität versuchte man lange Zeit, das »Parallelenaxiom aus den anderen Grundsätzen der (euklidischen) Geometrie abzuleiten. Die Entwicklung der nicht-euklidischen Geometrien bewies zugleich, dass das Parallelenaxiom nicht aus den anderen Axiomen der Geometrie ableitbar war«. https://de.wikipedia.org/wiki/Nichteuklidische_Geometrie - Zugriff 28.03.2020.

eines Teilchens nicht gleichzeitig beliebig genau bestimmbar sind. Bekannt ist das quantenmechanische Paradoxon des Welle-Teilchen-Dualismus insbesondere beim Licht.[133]

Ein »Mond/Pluto-Fall« ist auch das »Gespenst des Kommunismus«, das während der gesamten Epoche Machthaber und Kapital umtreibt.[134] Einerseits wird der Kommunismus zunächst zu einer Gegenmacht, dann im 20. Jahrhundert zur Staatsmacht. Andererseits wird der Mensch im Kommunismus auf materielle und ökonomische Prozesse reduziert, ein letztlich oberflächliches und inhumanes Menschenbild! Mond/Pluto lässt nicht gern frei. Mond/Pluto könnte man ja auch als den demokratisch orientierten Druck auf Herrschende und auf herrschende Paradigmen betrachten. Aber Demokratie ist ohne Freiheit nicht denkbar. Das Ringen um Demokratie wäre astrologisch eher ein Mond/Saturn-Bild. Als einen Mond/Pluto-Fall kann man schließlich die nationalsozialistische Ideologie betrachten. Auch hier lässt Mond/Pluto nicht frei.

Im Horoskop der Erdmutation von 1802 zeigt sich eine ganz besondere Konstellation von Neptun und Pluto: Die beiden Faktoren stehen in gegenseitiger Rezeption. Neptun befindet sich im Pluto-Zeichen Skorpion, Pluto umgekehrt steht im Neptun-Zeichen Fische. Das tiefe, hingebende Forschen und Aufdecken gerät in Nebel und undurchsichtige Wolken. Also wird nunmehr hingebend der Nebel erforscht.

Die Rezeption mit ihrem erstmaligen Zustandekommen (erster Eintritt von Pluto ins Zeichen Fische, Neptun bereits in Skorpion) und ihrem definitiven Ende (letztmaliger Austritt von Neptun aus dem Zeichen Skorpion) gilt vom 27. Dezember 1798 bis 12.09.1807, literaturgeschichtlich übrigens recht genau die Zeit der Früh- und der beginnenden Hochromantik. Frühere Neptun/Pluto-Rezeptionen sind:

---

133 https://de.wikipedia.org/wiki/Welle-Teilchen-Dualismus - Zugriff am 28. 03. 2020.

134 Der berühmte erste Satz des Kommunistischen Manifests (1848) lautet: »Ein Gespenst geht um in Europa – das Gespenst des Kommunismus.«

- 20.03.1307 bis 13.08.1316 (Kernphase der »deutschen Mystik«)[135]
- 12.04 817 bis 09.11.824 (Entfaltung und Ausbau der klösterlichen Kultur und Bildung für Kirche und Gesellschaft)
- 11.04.328 bis 20.08.334 (Entwicklung des Christentums zur späteren Staatsreligion im Römischen Reich)

Es erstaunt vielleicht, dass all diese neptunisch- und plutonisch-paradoxen Findungen und Entwicklungen nicht unter eine Wassermutation, sondern unter eine Erdmutation fallen. Die Erklärung ist einfach. Im Kontrast zum Erd-Element lassen sich die Konturen dieser Entwicklungen relativ am deutlichsten ausmachen. Die Erde bindet zunächst das Wasser – es sind die peniblen Wissenschaftler, die diese paradoxen Phänomene kritisch prüfen und zunächst nicht akzeptieren wollen, bis sie sie schließlich doch zur Kenntnis nehmen müssen. Dann aber lockert das Wasser die harte Erde auf. Max Planck stand der von ihm selbst formulierten Quantenhypothese lange sehr skeptisch gegenüber.[136] Zur Quantenphysik gehört, dass sie, anders als die klassische Physik, Zustände eines physikalischen Systems mittels Wahrscheinlichkeiten beschreibt. Einsteins unbehaglich-skeptische Reaktion hierzu lautete bekanntlich: *Gott würfelt nicht.*

Das Element Luft tritt nach der Erdmutation 1802 erstmals 1980 wieder auf. Die Jupiter/Saturn-Konjunktion selbst fällt auf rund 09.30 Grad Waage. Auffällig ist die sehr exakte Sonne/Merkur-Konjunktion bei weniger als 17 Bogenminuten Abstand, die ein Quadrat zur Jupiter/Saturn-Konjunktion bildet. Auffällig ist auch der Mond im Skorpion, der zugleich eine Opposition zu Chiron bildet. Ins Auge fällt noch die (weite) Konjunktion von Venus und Neptun im Schützen.

---

[135] Für diese Rezeptions-Phase genügt im Grund der Hinweis auf die (zeitgleiche) Kernzeit im Wirken Meister Eckharts. Damit ist (fast) alles gesagt.

[136] Die Quantenhypothese besagt, dass Strahlung mit Materie nicht beliebige Energiemengen austauschen kann, sondern nur diskrete Energiepakete, die Quanten genannt werden.

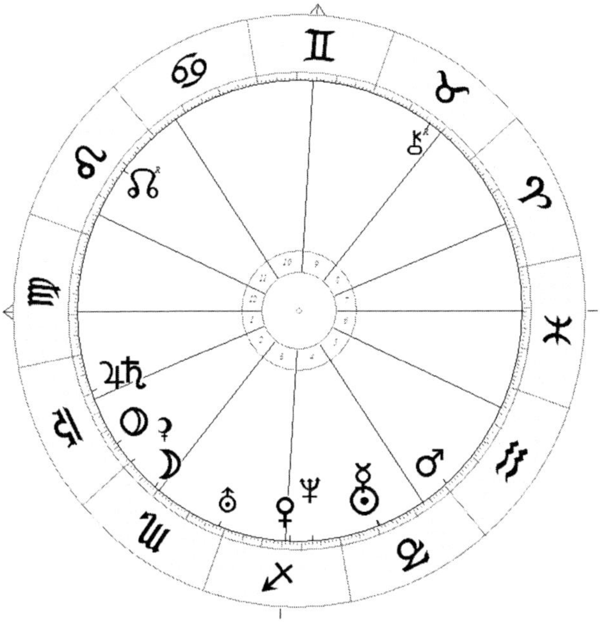

Abb. 18: Luftmutation, Conjunctio Aurea, 31. Dezember 1980, 21.23.59 Uhr UT, Berlin, D

Die Phase der Luftmutation 1980 ist recht lang. Die Wassermutation geschieht fast 240 Jahre später, nämlich im Jahr 2219 auf 14.41 Grad Skorpion. Jetzt, rund 40 Jahre nach Beginn der Luftmutation 1980, stehen wir verhältnismäßig noch am Anfang dieser Großphase. Wir sollten behutsam deuten! Ausgewogenheit und Toleranz werden in dieser Zeit wichtig, Wachstum beruht auf der Hinwendung zum Du, zum Mitmenschen (Jupiter in Waage). Es geht um Förderung »der Anderen«, um gegenseitiges Wohlwollen. Saturn steht übrigens im Zeichen seiner Erhöhung, Jupiter steht mit Venus in Rezeption. Beide Faktoren sind also durch Venus disponiert. Es wird aus Liebe und unter idealistischen Motiven (Venus in Schütze) gehandelt. Die idealistischen Motive werden durch die Venus/Neptun-Konjunktion noch gestärkt.

Mond im Skorpion könnte das Volk (Mond) sein, das misstrauisch ist – oder aber das Volk, dem misstraut wird und das darum ausgespäht, kontrolliert und überwacht wird. Der Mond steht nicht weit von Lilith entfernt, das heißt, der Mond bewegt sich gerade auf dem erdfernsten Abschnitt seiner Bahn. Die Bedürfnisse des Volkes werden eventuell nicht wahrgenommen, nicht berücksichtigt. Unruhen spielen eine gewisse Rolle. Mond im Skorpion agiert ähnlich wie eine Mond/Pluto-Verbindung. Der Skorpion-Mond lässt ungern frei; er erlebt aber auch Unfreiheit und Bemächtigung als extrem.

Schon der Skorpion-Mond als solcher kann sich auf das Gebiet psychischer und physischer Gesundheit beziehen. Der Skorpion-Mond ist auch der Heiler. Mond in Opposition zu Chiron betont das Thema der Verwundung, der Krankheit und des Heilens zusätzlich. Es kann um neue, ganzheitliche Wege des Heilens gehen. Die staatlichen Gesundheitssysteme, die überlieferten kulturspezifischen Wege und Methoden medizinischer Behandlung erhalten große Aufmerksamkeit. Für viele europäische Länder gilt eine Mond-Stellung in Haus 3 und entsprechend eine Chiron-Stellung in Haus 9. Vorstellbar ist eine Zunahme echten spirituellen Heilens. Hier zeichnen sich große Aufgaben und Herausforderungen ab (Mond/Chiron-Opposition im Quadrat zur Mondknoten-Achse).

Lilith im individuellen Horoskop verweist oft darauf, dass der Horoskopeigner in bestimmten Angelegenheiten keinen »Koalitionspartner« hat, niemanden, der seine Bedürfnisse versteht, geschweige denn erfüllt. Lilith deutet aber auch die ungewöhnlichen, mitunter neuartigen Bedürfnisse an. Bezogen auf die Stellung des Mondes in der Nähe von Lilith darf man vermuten, dass sich die Bedürfnisse und Erfordernisse in den gesundheitlichen Systemen unter der Luftmutation 1980 deutlich ändern. Es ist für den Skorpion-Mond jetzt, 40 Jahre nach dem Start der Luft-Phase, nahezu selbstverständlich, dass man auf die Zunahme von Infektionen in pandemischen Ausmaßen hinweist (HIV-Virus 1983, SARS 2003, Corona 2020).

Die sehr enge Sonne/Merkur-Konjunktion im Zeichen Steinbock

ist nicht ganz leicht zu beurteilen. Der Steinbock gibt sich gern folgerichtig und objektiv. Ehrgeiz und Engstirnigkeit sind aber mit dieser Konstellation eines »verbrannten« Merkurs ebenfalls mit im Spiel. Denkbar ist, dass es immer wieder um die Frage geht, wer die »Macht« hat. Ist es der Zeitgeist (Jupiter/Saturn-Konjunktion in Waage) oder ist es der Staat (Sonne in Steinbock) bzw. die öffentliche Meinung (Sonne/Merkur im Steinbock)? Wer beansprucht die »Definitionsmacht«? Einerseits spielt Selbstvertrauen (Sonne/Jupiter), spielen Struktur und Nachhaltigkeit (Sonne/Saturn) und gesunder Menschenverstand (Merkur/Jupiter) wichtige Rollen. Andererseits ahnt man große Pläne, die nie verwirklicht werden (Sonne Quadrat Jupiter), man ahnt den Konflikt zwischen Zeitgeist und Staat – Letzterer stellt sich stur, ob es nun um die Stationierung von Atomraketen geht (1983) oder um Stuttgart 21 (Sonne Quadrat Saturn). Dennoch besteht Hoffnung auf klares und aufrichtiges Denken und Fürwahrhalten, welche auch sich selbst gegenüber gesunde Skepsis wahren. Die Sonne/Merkur-Konjunktion tritt entspannend in eine sextilisch-trigonale Verbindung mit der Mond/Chiron-Opposition ein und könnte, wenn die Deutung dieser Opposition im Blick auf die (Volks-)Gesundheit zutrifft, tatsächlich ausgleichend und befruchtend wirken.

Typisch für die Luft-Phase seit 1980 sind die starken Fluchtbewegungen kreuz und quer über den Globus. Typisch ist auch, dass großes Gewicht auf Kommunikation und Vernetzung gelegt wird. Seit 1980 hat es gerade im Bereich der Informationstechnologie gewaltige Entwicklungen gegeben, eine Sättigung ist nicht abzusehen.

Das Horoskop der Luftmutation 1980 ähnelt in mehrfacher Hinsicht der Luftmutation 1186, nahezu 800 Jahre zuvor. Damals stand Venus ebenfalls im Zeichen Schütze und ebenfalls mit Jupiter in Rezeption. Die Baukunst sollte damals in der himmelstrebenden Gotik einen Höhepunkt erreichen. Auch jetzt könnte ästhetisch Großes bevorstehen. 1186 war Neptun im Trigon mit der Conjunctio Aurea selbst verbunden und stand in einem Sextil zur Venus. 1980 steht Venus in weiter Konjunktion mit Neptun. Kunst und Ästhetik verbinden sich mit dem Ewigen. Das mag jetzt, 1980 (und

2020), auf die Aktualität des bereits zitierten Satzes von Dostojewski hindeuten: »Nur Schönheit wird die Welt retten.« Auch diesmal gibt es eine Sonne/Merkur-Konjunktion mit verbranntem Merkur, diesmal allerdings nicht im Skorpion, sondern im Steinbock. Verantwortungsvolle Folgerichtigkeit oder Engstirnigkeit? Vielleicht dies: Wissen wird zum ersten Diener der Weisheit und Intellekt zum ersten Diener des Herzens. Vielleicht dies: Die Menschheit entwirft und verfasst, wie es seinerzeit die Scholastiker in der Theologie versuchten, eine Summa, nämlich eine *Summa* ihrer selbst. Und Liebe wäre die Grundlage jeder *Summa humanitatis.*

Mars steht im Horoskop der Luftmutation 1980 im Zeichen Wassermann. Der Wassermann-Mars, immer ein wenig eigenwillig, kämpft für humanitäre Ziele, für die Freiheit. Mars wird hier noch positiv verstärkt durch Uranus, mit dem er in Rezeption und im Sextil steht. Ohne Freiheit und Eigensinn bleiben wir Lemminge und Kinder von Lemmingen. Ohne Frieden und ohne gewaltfreies Miteinander schicken wir unsere Zukunft den Lemmingen hinterher.

6.5. Beobachtungen, Fragen, Probleme

Die Absicht dieser Veröffentlichung ist, wie in der Einleitung schon gesagt, weit mehr eine erzählerische denn eine wissenschaftliche. Ich will dennoch zum Abschluss dieses Kapitels einige offene Fragen und Problemanzeigen formulieren, deren Erforschung und Beantwortung der Zukunft vorbehalten sind. Ich nenne also einfach Bruchstücke und Beobachtungen, zu denen es demnächst »Erzählungen« geben könnte, aber zum jetzigen Zeitpunkt (2020) noch nicht gibt.

Wir haben oben das kreisläufige Vierphasen-Modell von Zyklen diskutiert. Es dürfte keinen astrologischen Zweierzyklus geben – der Sonne/Mond-Zyklus vielleicht ausgenommen – in dem dieses Vierphasen-Modell einfach zu identifizieren wäre, obwohl die astrologische Technik (Betrachtung von Konjunktion, zunehmendem Quadrat, Opposition und abnehmendem Quadrat usw.) die

Analyse leicht zu machen scheint. Besonders schwer macht es freilich der Jupiter/Saturn-Zyklus. Was ist es eigentlich, was mit der Konjunktion neu beginnt? Welche Bedeutung hat der jeweilige Zyklus als solcher? Wir haben wortreich beschrieben, dass die Jupiter/Saturn-Kombination in Fülle und Beschränkung das ganze Leben meint. Wo denn da anfangen und aufhören?

Die Erweiterung des Jupiter/Saturn-Zyklus zum 800-jährigen Großzyklus mit der etwa alle 200 Jahre wechselnden Elemente-Betonung ist genial. Der Großzyklus mit seiner vierfachen Elemente-Mutation entspricht ja, anders als der Einzelzyklus, zumindest symbolisch dem zyklischen Vierphasen-Modell. Angesichts der jeweils möglichen Dehnung und Stauchung der einzelnen Elemente-Phasen sollte man allerdings einräumen, dass es noch offene Fragen gibt:

- Wie steht es um die Deutung der Übergangszeiten vor und um eine nächste Mutation? Soweit ich blicke, ist das etwas streng anmutende Gebot, das erstmalige Auftreten des neuen Elements schon mit der Mutation gleichzusetzen, sinnvoll. Deswegen ist aber die Frage nach den Übergängen nicht sinnlos.
- Wie gewichtet man letztlich die Einzelzyklen? Werden diese inhaltlich nach den »Leitmotiven« der jeweils aktuellen Elemente-Mutation gewichtet? Geht man entsprechend der Systematik von Al-Kindi vor? Wie weit darf jede Einzel-Konjunktion auch in sich und unabhängig mit ihrem zugehörigen Horoskop gedeutet werden? – Die wohl bekannteste Jupiter/Saturn-Konjunktion ist die Konjunktion im Jahr -6 im Zeichen Fische. Es ist die Konjunktion, die nach der Überzeugung vieler Forscher die Geburt von Jesus ankündigt. Technisch ist sie einerseits ein wässriger Nachzügler nach bereits gestarteter Feuermutation, nämlich im Jahr -45. Andererseits tritt sie in drei Passagen auf. Der Nachzügler ist nach Einschätzung von Rüdiger Plantiko unbedeutend; hingegen gelten Zyklen, die mit einer dreifachen Passage

einsetzen, als besonders bedeutsam.[137] Das zugehörige Horoskop ist, wie ich oben zu zeigen versucht habe, außergewöhnlich.

Damit kommen wir zu den technischen Merkmalen und ihrer möglichen inhaltlichen Bedeutsamkeit. Wir haben uns bereits mit der Schwankung des Abstandes zwischen zwei benachbarten Konjunktionsorten beschäftigt, ein Wert zwischen etwa 222 und 264 Grad. Diese Schwankung hat technisch u.a. mit Rückläufigkeit und erneuter Direktläufigkeit der beteiligten Planeten zu tun, mit der Sonnennähe bzw. Sonnenferne jeweiliger Bahnabschnitte. Es ergeben sich bestimmte regelhafte Muster von Spitzen- und Tiefwerten. Ob diese Muster eine Bedeutung haben, steht vorerst dahin.

Ich kann mir vorstellen, dass ein Zyklus, der mit einer dreifachen Passage einsetzt, besondere Bedeutung besitzt oder eine speziell wichtige Phase in der Staaten- und Religionsgeschichte anzeigt. Ich fürchte nur, dass eine Entscheidung dafür und dagegen schwierig bis unmöglich ist. Der Jupiter/Saturn-Zyklus mit seinen lebensumfassenden Bedeutungsgehalten bringt den Betrachter ohnehin schnell in die Gefahr, vor lauter Bäumen den Wald aus dem Auge zu verlieren. Im Zweifel ist man selbst den Entwicklungen und Ereignissen zu nahe, als dass man angesichts der Fülle von Fakten klar urteilen könnte. Aktuell könnte man sich jeden nächsten Zyklusbeginn in einer Dreierpassage vorstellen. Bei länger zurückliegenden Neustarts in dreifacher Passage hingegen ist man als Betrachter womöglich schon zu fern, als dass man die vermutliche Sonderbedeutung der Dreifach-Passage noch mit Fakten unterfüttern könnte.

Von Interesse könnte sein, in welcher Frequenz und Verteilung die Dreifach-Passagen eintreten. Im hier betrachteten Zeitraum ergeben sich folgende Abstände zwischen zwei Dreierpassagen (Tabelle 14):

Der größte zeitliche Abstand beträgt 298 Jahre. Der Abstand von 258 (257) Jahren tritt dreimal auf. Doch es gibt zweimal das

[137] Vgl. für beide Wertungen Fußnote 8 in: Plantiko 2013.

Phänomen des »übernächsten Nachbarn« – zwei Dreierpassagen, die eine einzige Normalpassage gleichsam einrahmen. Man kann insgesamt aber nicht von einer Regelmäßigkeit sprechen.

Kalenderjahr der jeweiligen Dreierpassage	Abstand zur nächsten Dreierpassage in ganzen Jahren
0709	258 Jahre
0967	40 Jahre
1007	298 Jahre
1305	120 Jahre
1425	257 Jahre
1682	258 Jahre
1940	40 Jahre
1980	

Tabelle 13

Kalenderjahr der tatsächlichen bzw. vereitelten Dreierpassage	Abstand zur nächsten tatsächlichen bzw. vereitelten Dreierpassage
0709	119 Jahre
0828 vereitelt	20 Jahre
0848 vereitelt	119 Jahre
0967	40 Jahre
1007	259 Jahre
1266 vereitelt	39 Jahre
1305	120 Jahre
1425	119 Jahre
1544 vereitelt	138 Jahre
1682	139 Jahre
1821 vereitelt	119 Jahre
1940	40 Jahre
1980	

Tabelle 14

Ich hatte bereits darauf hingewiesen, dass mitunter das Phänomen der »vereitelten Dreierpassage« auftritt: Jupiter und Saturn sind einander in einem Orbis von weniger als 1° nahe, aber die Konjunktion kommt nicht wirklich zustande. Bezieht man diese Fälligkeiten mit ein, ergibt sich folgende Übersicht:

Diese zweite Tabelle hebt die Bedeutung der Abstandszahl 119 (120) hervor. Mit dieser Zahl hat es irgendeine Bewandtnis.

Dreimal tritt das Phänomen der Rahmensetzung auf:

- Normalpassage 0988 zwischen den Dreierpassagen 0967 und 1007
- Normalpassage 1285 zwischen den Dreierpassagen 1266 (vereitelt) und 1305
- Normalpassage 1961 zwischen den Dreierpassagen 1940 und 1980

Diese Rahmensetzungen sind zumindest auffällig. Möglicherweise ist bei den vereitelten Dreierpassagen die Orbensetzung < 1° zu eng.

7. Ausblick

Die Jupiter/Saturn-Konjunktion am 21. Dezember 2020 gehört in die Reihe derjenigen Konjunktionen, welche der Luftmutation von 1980 unterstehen. Das Horoskop der Luftmutation 1980 ist sozusagen das Leithoroskop aller Konjunktionshoroskope, die in den Bereich dieser Luftmutation gehören. In diesem Sinn untersteht auch das Konjunktionshoroskop von 2020 dem Horoskop von 2020.

Zunächst ist es gerechtfertigt, das Datum der Luftmutation von 1980 als eine Art Präludium und zugleich als Verheißung an den Anfang jener Konstellationen-Reihe zu setzen, die seit den 80er-Jahren die dynamische Entwicklung der Menschheit begleitet und anregt. Diese Konstellation findet, wenn auch nicht auf der Schöpfungsachse 0° Steinbock, so doch im Steinbock selbst statt und hat Teil an dessen lebenszeugender und lebensbewahrender Kraft.

31.12.1980	Neustart des Zyklus Jupiter/Saturn, zugleich Epochenwechsel durch Luftmutation
Januar 1984	Neustart des Zyklus Jupiter/Neptun auf 0° Steinbock
Februar 1988	Neustart des Zyklus Saturn/Uranus auf 0° Steinbock (29.55 Schütze)
März 1989	Neustart des Zyklus Saturn/Neptun (11.55 Steinbock)
Februar 1993	Neustart des Zyklus Uranus/Neptun (19.33 Steinbock)
Januar 2008	Pluto + Venus auf 0° Steinbock
21.12.2012	Ende der Langen Zählung im Maya-Kalender zusammenfallend mit Sonne auf 0° Steinbock

21. bis 25. 12. 2017	Saturn + Sonne + Venus auf 0° Steinbock
Januar 2020	Neustart Zyklus Saturn/Pluto (22.45 Steinbock)
April 2020	Neustart des Zyklus Jupiter/Pluto (24.53 Steinbock)
11./12.2020	Dreifach-Konjunktion von Jupiter/Pluto/Saturn
21.12.2020	Neustart des Zyklus Jupiter/Saturn (00.29 Wassermann) zusammenfallend mit Sonne + Merkur auf 0° Steinbock.

Das Konjunktionshoroskop von 1980 regiert also das Horoskop vom 21. Dezember 2020 und die weiteren Konjunktionen und Horoskope im Luftbereich des Großen Jupiter/Saturn-Zyklus. Der Vergleich zwischen der Luftmutation 1980 und dem Konjunktionshoroskop 2020 ist recht aufschlussreich 19). Nachfolgend nur die wichtigsten Interaspekte, stets ist zuerst der Faktor aus der Luftmutation 1980 genannt:

Mars Konjunktion Jupiter/Saturn. Hier nimmt die Luftmutation das »Wassermannbild« von 2020 nicht nur vorweg, sondern drängt 40 Jahre zuvor das Horoskop von 2020 zur Tat. Der Wassermann-Mars von 1980 steht zur Jupiter/Saturn-Konjunktion von 2020 in einer nahezu exakten Konjunktion.

Wechselseitige Mond/Uranus-Verknüpfung: Mond Opposition Uranus und Uranus Trigon Mond. Die Konstellation deutet zunächst emotionales und geistiges »Aufgeweckt-Sein« an, Geistesgegenwart und Intuition. In der derzeitigen Luftphase des Großen Jupiter/Saturn-Zyklus ist die Zeit aktiven geistigen Höherstrebens angebrochen. Mond/Uranus-Konstellationen deuten das nicht ganz einfache Miteinander von Emotionalität und Intellekt an, von Geist und Gemüt, von gefühlsmäßigem Nahe-Sein und sachlichem Abstandnehmen. Der Wechsel zwischen diesen Ebenen setzt voraus, dass der Mensch diese Ebenen und Möglichkeiten integriert. Nähe und Distanz gehören zum schöpferischen Prozess. Das eine beeinflusst, ja,

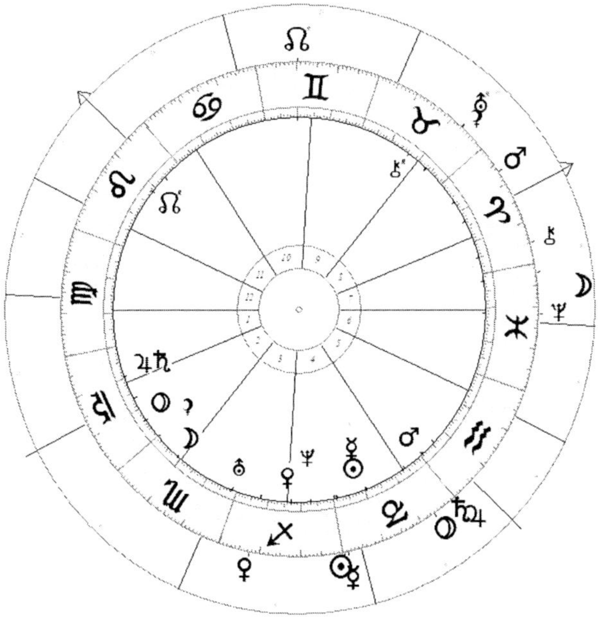

Abb. 19: Horoskopvergleich Luftmutation 1980 und Konjunktionshoroskop 2020

bedingt das andere. Der Maler wechselt ständig seine Position; er tritt von der Staffelei zurück, um das entstehende Bild zu betrachten. Und er tritt an die Staffelei, um das entstehende Bild zu ergänzen. Aus dem Abstand heraus kann der Maler nichts an seinem Bild tun bzw. verändern. Aber er gewinnt aus dem Abstand heraus ein Gefühl dafür, was es an seinem Bild noch zu tun und zu verändern gilt. Erst so, aus dieser beständigen Bewegung zwischen Nähe und Distanz heraus, kommt es zum schöpferischen Prozess.

Das setzt vor allem Arbeit an Gefühlen voraus. Beide Monde sind in wässrigen, in Gefühlszeichen konstelliert. Der Uranus der Luftmutation 1980 steht ebenfalls in einem wässrigen Zeichen, der Uranus der Wassermann-Konjunktion 2020 findet sich im gemütsstarken Zeichen Stier. Es gilt *Venus Quadrat Neptun* sowie *Neptun Quadrat Mond.* Die Arbeit (Quadrat-Stellungen) an Gefühlen (Mond, Venus, Neptun) ist angezeigt, die Notwendigkeit, sich einzulassen und zugleich wahrzunehmen und zu beobachten (Uranus). Mond, Venus und auch Neptun sind zugleich die »weiblichen« Planeten. Nicht ohne Grund sind die letzten vier Jahrzehnte auch frauenbewegte, feministische Jahrzehnte gewesen. Und dieses Thema wird die Menschheit weiter begleiten. »Das ewig Weibliche zieht uns hinan« (Goethe).

Pluto Opposition Mars, verstärkt durch Pluto Quadrat Pluto. Pluto bezeichnet symbolisch die Kräfte der Verwandlung. Der Mensch hat als »Werkzeugmacher« begonnen. Das hat sein Leben erleichtert. Der Mensch wurde sodann zum Kulturschöpfer, indem er die Sprache, die Musik, die bildende Kunst und die Baukunst erfand. Das hat sein Leben reich gemacht. Jetzt steht der Mensch an dem schwierigen und hoch gefährlichen Punkt, wo aus dem »Werkzeugmacher« und dem »Kulturschöpfer« der »Lebenswirker« werden will. Der Umgang mit Atomenergie, mit Gentechnik, das Klonen lebendiger Wesen – dies alles zeugt vom Drang des Menschen, diese nächste Stufe der Menschheitsentwicklung zu betreten. Das wird das Leben des Menschen verwandeln und erhöhen – wenn und sofern der Mensch den rechten Umgang mit den lebenswirkenden Mächten und Kräften erahnt, erschließt und entwickelt. Gerade diese Mächte, obgleich sie auch »technisch« sind, erfordern die tiefe emotionale Beteiligung, das tiefe Sich-Einlassen und zugleich die sachliche Auseinandersetzung und Bewältigung (Mond/Uranus), damit der Mensch dieser Mächte innewerden kann und sich auf rechte Weise mit ihnen verbinden lernt. Das alles ist Pluto und Mars!

Eine Fortentwicklung des Horoskopvergleichs ist das Composit-Horoskop der beiden Ausgangshoroskope (siehe Abbildung 20).

Das Composit zeigt die Mondphase kurz nach Neumond. Die Zeit ab Ende 2020, wenn das Composit beginnt, seine Wirksamkeit zu entfalten, ist von einem Aufbruch, einem Neuanfang gekennzeichnet. Das ist wohl das wichtigste Motiv dieses Composits. Das

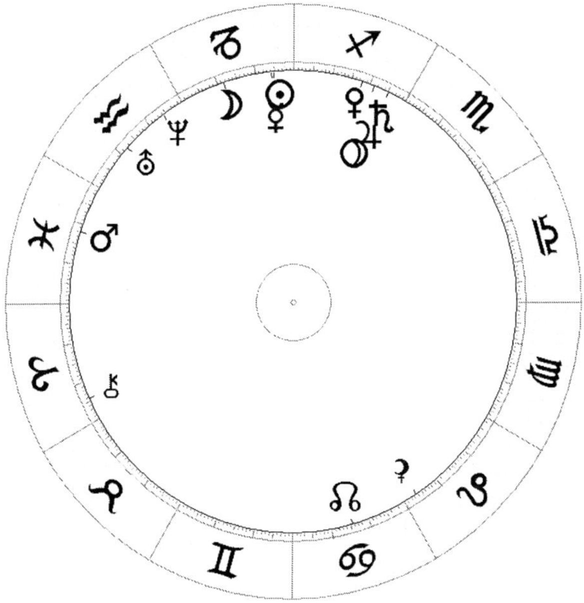

Abb. 20:
Composit der Luftmutation 1980 und der Conjunctio Aurea 2020

Mars/Pluto-Thema kehrt im Composit wieder – das zeigt, wie bedeutend diese Thematik der bewussten Lebensschöpfung womöglich als Leitmotiv, als Paradigma für die nächsten 20 Jahre und wahrscheinlich für die gesamte Luftphase des Großen Jupiter/Saturn-Zyklus ist. Dafür spricht auch, dass die Jupiter/Saturn-Konjunktion im Composit noch in Konjunktion mit Pluto und im Sextil zu Neptun steht. Das Thema wird tiefe Emotionen anrühren (Neptun Opposition Lilith); es wird heftige und leidenschaftliche Konflikte darum geben (Venus Quadrat Mars). Und doch dürfen wir zuversichtlich sein, was das Thema der Lebensschöpfung und der menschlichen Entwicklung und Verwandlung betrifft: Pluto, das Symbol der radikalen Verwandlung, steht in der Halbsumme von Venus, dem kleinen Glück, und Jupiter, dem großen Glück.

Zugleich dürfen wir zuversichtlich auf Festigkeit, auf Bestand – und auf Nachhaltigkeit – hoffen: Pluto zugleich in der Halbsumme von Venus und Saturn.

Venus/Pluto und Venus/Mars zeigen auch Leidenschaft und Verstrickung. Leben und Lebensschöpfung sind ohne Leidenschaft nicht denkbar. Leidenschaft ist die annehmende, demutsvolle Haltung, die der lebendige Mensch den Kräften gegenüber übt, welche gewaltiger sind als der Mensch und an deren Macht der Mensch doch unendlich schöpferisch teilhat. Es wird gefährlich sein. Aber die Regel lautet: »Wenn es echt gefährlich wird, geh' näher heran!« Diese Regel leitet sich unmittelbar ab aus der Grundregel: »Alles ist Leben. Es gibt nicht *Nicht*-Leben!«

8. Literatur

RENZO BALDINI: Die Arabischen Punkte. Ihre Anwendung in der modernen Astrologie. Tübingen 2008 (zuerst ital. 2001).

JOHN D. BARROW: Die Entdeckung des Unmöglichen. Forschung an den Grenzen des Wissens. Heidelberg/Berlin 2001.

ALÍ BEN RAGEL: El Libro Conplido en los Iudizios de las Estrellas. Barcelona 1997 (zuerst 12. Jh. n. Chr., arabisch bzw. altspanisch).

MICHAEL BAIGENT / NICHOLAS CAMPION / CHARLES HARVEY: Mundan-Astrologie. Handbuch der Astrologie des Weltgeschehens. Wettswil 1989.

HAJO BANZHAF/ANNA HAEBLER: Schlüsselworte zur Astrologie. München, 4. Aufl. 1997.

OTTO VON BRESSENSDORF: Zahl und Kosmos. Tübingen 2013 (Nachdruck, zuerst 1930).

KENNETH CLARK: Glorie des Abendlandes. Von den Gedanken, Bauten, Büchern, Kunstwerken und Genies unserer Zivilisation. Bindlach 1994.

REINHOLD EBERTIN: Kombination der Gestirneinflüsse. Tübingen 2002 (zuerst 1940, 1950, 1970).

GYÖRGY EGELY: Verbotene Erfindungen. Energie aus dem »Nichts«. Geniale Erfinder – verspottet, behindert und ermordet. Rottenburg 2017.

MICHAEL ENDE: Momo. Stuttgart 1973.

FRANZ CARL ENDRES / ANNEMARIE SCHIMMEL: Das Mysterium der Zahl. Zahlensymbolik im Kulturvergleich. München 1995.

BRUNO ERNST: Unmögliche Welten. Abenteuer mit unmöglichen Figuren. Das verzauberte Auge. Köln 2006.

EGON FRIEDELL: Kulturgeschichte der Neuzeit. Die Krisis der europäischen Seele von der schwarzen Pest bis zum Ersten Weltkrieg. Band I, München 1980 (zuerst 1927).

BEATRICE GANZ (HERAUSGEBERIN.): Astrologie, Spiritualität und

Reformation. Himmelskunde als Lebens- und Weltdeutung. Tübingen 2018.
RAFAEL GIL BRAND: Lehrbuch der klassischen Astrologie. Mössingen 2000.
JOHANNES HOLEY: Bis zum Jahr 2012. Der Aufstieg der Menschheit … mit praktischen Anleitungen. Fichtenau 2001.
NICOLAUS KLEIN / RÜDIGER DAHLKE: Das senkrechte Weltbild. Symbolisches Denken in astrologischen Urprinzipien. München 1986.
DIETER KOCH: Der Stern von Bethlehem. Zürich, 4. erw. Aufl. 2015.
ANTONIO LAMÚA: Das Buch der Unendlichkeit. Wissenschaft, Philosophie, Kunst. Kerkdriel/NL 2012.
THEODOR LANDSCHEIDT: Sun-Earth-Man – a Mesh of Cosmic Oscillations. London 1989.
THEODOR LANDSCHEIDT: Astrologie – Hoffnung auf eine Wissenschaft. Innsbruck 1994.
RAYMOND A. MERRIMAN: Astrologie der Entwicklung. Karma, Bewusstsein und die Entfaltung der Seele. Tübingen 2013.
RAYMOND A. MERRIMAN: Voraussagen für 2019. Wettswil 2018.
RICHARD MILTON: Verbotene Wissenschaften. Rottenburg 2014.
RAYMOND A. MOODY: Life after Life (USA, 1975), deutsch: Leben nach dem Tod. Die Erforschung einer unerklärlichen Erfahrung. Reinbek bei Hamburg 1977.
MORPHEUS: Transformation der Erde. Marktoberdorf 2006.
RÜDIGER PLANTIKO: Die letzten 1200 Jahre im Licht der Großen Konjunktionen. 2003, in: http://www.astrotexte.ch/sources/jupsat.html - Zugriff zuletzt 30.03.2020.
DER GROSSE PLOETZ. Die Daten-Enzyklopädie der Weltgeschichte. 34. neu bearb. Aufl., Frankfurt/Main 2005.
WILLIAM POUNDSTONE: Im Labyrinth des Denkens. Wenn Logik nicht weiterkommt. Reinbek bei Hamburg 1992.
REGELWERK für Planetenbilder. 5. verb. Auflage Hamburg 1959.
THOMAS RING: Astrologische Menschenkunde, Band III, Kombinationslehre. Tübingen, 9. Aufl. 2003.

PETER RUPPEL: Maya 2012. Geheimes Wissen und Prophetie. Darmstadt 2008.

FRIEDEMANN SCHRENK: Die Frühzeit des Menschen. Der Weg zum Homo Sapiens. München 5. Aufl. 2008.

CHRISTOPH SCHUBERT-WELLER: Endzeit oder Übergang. Leben und Kultur, Zivilisation und Ziel am Beginn des Wassermannzeitalters. Tübingen 2019.

Die Erzählungen aus den TAUSENDUNDEIN NÄCHTEN. Vollständige deutsche Ausgabe in sechs Bänden zum ersten Mal nach dem arabischen Urtext der Calcuttaer Ausgabe aus dem Jahre 1839, übertragen von Enno Littmann, Band 2. Wiesbaden 1953.

Die Erzählungen aus den TAUSENDUNDEIN NÄCHTEN. Vollständige deutsche Ausgabe in sechs Bänden zum ersten Mal nach dem arabischen Urtext der Calcuttaer Ausgabe aus dem Jahre 1839, übertragen von Enno Littmann, Band 4. Wiesbaden 1953.

ULRICH WARNKE: Quantenphilosophie und Spiritualität. Wie unser Wille Gesundheit und Wohlbefinden steuert. München 2017 (zuerst 2011).

MATTHIAS WEIK & MARC FRIEDRICH: Der größte Raubzug der Geschichte. Warum die Fleißigen immer ärmer und die Reichen immer reicher werden. Marburg 2012.

DAVID WILCOCK: Die Urfeld-Forschungen. Wissenschaftliche Fakten belegen alte Weisheitslehren. Rottenburg 2012.

DAVID WILCOCK: Der Synchronizitätsschlüssel. Die geheime Architektur der Zeit, die unser aller Schicksal lenkt. Rottenburg 2014 (zuerst amer. 2013).

Internet

http://www.astrotexte.ch/sources/Konjunktionen.txt - Zugriff zuletzt am 30.03.20.

https://albert-schweitzer-stiftung.de/ueber-uns/menschen/albert-schweitzer/zitate#ehrfurcht – Zugriff am 24.12.2019.

https://de.wikipedia.org/wiki/Neoliberalismus – Zugriff am 22.01.2020.

http://www.astrotexte.ch/sources/jupsat.html – Zugriff am 04.01.2020.

http://www.zeno.org/Meyers-1905/A/Menschenalter – Zugriff am 05.01.20.

https://de.wikisource.org/wiki/Was_kann_eine_gute_stehende_Schaub%C3%BChne_eigentlich_wirken%3F – Zugriff am 10.01.2020.

https://de.wikipedia.org/wiki/Die_G%C3%A4nsehirtin_am_Brunnen – Zugriff am 30.01.2020.

https://www.themamundi.com/esoterik-texte/item/38-zitate-pqr – Zugriff am 21.12.19.

https://de.wikipedia.org/wiki/Karl_der_Gro%C3%9Fe – Zugriff am 16.03.20.

https://de.wikipedia.org/wiki/Gang_nach_Canossa – Zugriff am 19.03.2020.

https://de.wikipedia.org/wiki/Dreifelderwirtschaft – Zugriff am 19.03.2020.

https://www.martinschlu.de/kulturgeschichte/mittelalter/fruehmittelalter/jahrtausendwende.htm – Zugriff am 21.03.2020.

https://de.wikipedia.org/wiki/Kreuzzug - dort auch das Zitat. – Zugriff am 21.03.2020.

https://de.wikipedia.org/wiki/Scholastik - Zugriff am 23.03.2020.

http://www.kathpedia.com/index.php/Scholastik#Hochscholastik_.2813._Jahrhundert.29 – Zugriff am 23.03. 2020.

https://de.wikipedia.org/wiki/Nichteuklidische_Geometrie – Zugriff am 28.03.2020.

https://de.wikipedia.org/wiki/Welle-Teilchen-Dualismus – Zugriff am 28.03.2020.

Christoph Schubert-Weller

Endzeit oder Übergang

Leben und Kultur, Zivilisation und Ziel am Beginn des Wassermannzeitalters

279 Seiten, Paperback,

ISBN 978-3-95811-105-9

Das »Wassermannzeitalter« ist zu einer gängigen Chiffre für eine angeblich leuchtende Zukunft geworden: Was hat es damit auf sich? Astrologisch gesehen sind es außergewöhnliche Konstellationen, die dieses kollektive Bewusstsein schaffen. Doch der Beginn wird recht unterschiedlich datiert. Im vorliegenden Buch werden alle diese Aspekte beleuchtet. Der Autor vertritt den Ansatz, dass der laufende Uranus/Pluto-Zyklus eine wesentliche Rolle als Auslöser des Wassermannzeitalters spielt. Auf einer überindividuellen Ebene werden die Themen der zwölf Häuser skizziert. Daraus entwickeln sich die aktuellen Fragestellungen, die unsere Kultur und Zivilisation in einer möglichen Wassermann-Zukunft und unter Einfluss von Uranus bzw. Pluto betreffen. Dieses Buch ist ein Lagebericht: Sie erfahren Sie, welche Trends in dieser Zeit des Übergangs von Bedeutung sind.

»In der Summe: ein empfehlenswertes Buch für alle Leser, die ihre gegenwärtige persönliche und gesellschaftliche Lebens- und Bewusstseinswirklichkeit unter astrologischen Gesichtspunkten einmal nicht nur punktuell, sondern in größeren zeitlichen Zusammenhängen sehen möchte.«.

- Meridian 2/2020 -

astronova

CHRISTOPH SCHUBERT-WELLER

Wege der Astrologie bewusst gestalten

Schulen und Methoden im Vergleich
127 Seiten, Leinen,
ISBN 978-3-925100-22-2

Noch immer ist es weitgehend so, dass der angehende Astrologe nach einer ganz bestimmten Schulrichtung lernt und zeit seines Lebens bei eben dieser Methode bleib. Die Astrologie als solche existiert jedoch nicht. Es gibt verschiedene Schulen und Systeme, die oft nur intern bekannt geworden sind und deren Literatur zum Teil schwer zugänglich ist. Bei der mittlerweile recht offenen Forschungssituation aber ist Austausch zwischen einzelnen Schulrichtungen, sowie die gegenseitige Kenntnisnahme zu einem Muss geworden. Die vorliegende Monographie bietet erstmals eine Gesamtorientierung über die vielen Ansätze in der Astrologie und stellt deren Lehrmeinungen im Vergleich vor. Dadurch erschließt sich dem in einer Schule fortgeschrittenen Anfänger wie auch dem forschenden Astrologen die Vielfalt der astrologischen Methoden. Anhand zahlreicher Tabellen und Abbildungen lassen sich die verschiedenen Wege der Astrologie gut nachvollziehen und überprüfen.

»Ich bin der Meinung, dass 'Wege der Astrologie' ein sehr wertvolles Buch ist, denn es wird das Verständnis und den Dialog zwischen den verschiedenen Schulen fördern. Dieses Buch sollte im Regal eines jeden Astrologen stehen«.

- Hamburger Hefte -

CHIRON VERLAG